"双碳"目标下的国土空间治理研究

夏楚瑜 著

中国建筑工业出版社

图书在版编目（CIP）数据

"双碳"目标下的国土空间治理研究 / 夏楚瑜著
. — 北京：中国建筑工业出版社，2023.3
ISBN 978-7-112-28380-4

Ⅰ.①双… Ⅱ.①夏… Ⅲ.①国土管理-研究-中国 Ⅳ.①F321.1

中国国家版本馆CIP数据核字（2023）第033292号

本书建立了国土空间用地类型与不同碳排放项目的对应关系，分别从宏观、微观尺度讨论了国土空间用地变化、用地规模及形态对碳代谢的作用，宏观尺度关注城市层面，微观尺度则关注街道行政单元，并在此基础上以国土空间规划目标年2035年为研究目标年，情景模拟了宏观、微观尺度国土空间用地结构调整、形态优化的减排潜力，为我国低碳城市建设提供选择路径。

本书由北京工业大学城市建设学部城乡规划系夏楚瑜独立撰写，可为国土空间规划相关从业人员提供碳排放、碳汇空间化核算框架以及空间优化方法，也可作为相关院校师生的参考教材。

责任编辑：葛又畅
责任校对：芦欣甜

"双碳"目标下的国土空间治理研究
夏楚瑜 著

*

中国建筑工业出版社出版、发行(北京海淀三里河路9号)
各地新华书店、建筑书店经销
北京鸿文瀚海文化传媒有限公司制版
北京建筑工业印刷厂印刷

*

开本：787毫米×960毫米 1/16 印张：7½ 字数：132千字
2023年2月第一版 2023年2月第一次印刷
定价：36.00元
ISBN 978-7-112-28380-4
(40757)

版权所有 翻印必究
如有印装质量问题，可寄本社图书出版中心退换
(邮政编码 100037)

前　言

区域碳中和可借力国土空间规划，在规划中融入碳排放、碳汇空间管控措施，全方位落实碳达峰和碳中和重大部署，这也是推进生态文明建设与社会经济可持续发展的重要支撑。我国提出的实现碳达峰碳中和的"30·60"目标，是基于推动构建人类命运共同体的责任担当和实现可持续发展的内在要求做出的重大战略决策。《中华人民共和国国民经济和社会发展第十四个五年规划和2035年远景目标纲要》《关于完整准确全面贯彻新发展理念做好碳达峰碳中和工作的意见》和《2030年前碳达峰行动方案》等更是突出国土空间低碳转型工作，要求从规划、空间布局、绿色生产生活方式三个层次进行绿色发展转型。

本书建立了国土空间用地类型与不同碳排放项目的对应关系，分别从宏观、微观尺度讨论了国土空间用地变化、用地规模及形态对碳代谢的作用，宏观尺度关注城市层面，微观尺度则关注街道行政单元，并在此基础上以国土空间规划目标年2035年为研究目标年，情景模拟了宏观、微观尺度国土空间用地结构调整、形态优化的减排潜力，为我国低碳城市建设提供选择路径。

本书由北京工业大学城市建设学部城乡规划系夏楚瑜独立撰写，撰写过程中，得到浙江大学土地与国家发展研究院常务副院长叶艳妹的大力指导，特此感谢。

由于编者水平有限，难免存在不足，敬请各位读者提出宝贵意见。

目 录

1 绪 论 ·· 1
   1.1 研究背景 ·· 2
   1.2 研究意义 ·· 6
   1.3 研究内容 ·· 6
   1.4 研究方法与技术路线 ·· 7
   1.5 数据来源及研究区介绍 ·· 10

2 国土空间碳中和研究进展 ·· 15
   2.1 城市碳代谢的研究进展 ·· 16
   2.2 国土空间用地变化与城市碳收支机理研究进展 ··········· 17
   2.3 城市国土空间用地与碳排放关系 ······························· 19
   2.4 城市形态与交通碳排放关系 ····································· 20
   2.5 大数据与城市"减排"：机遇与挑战 ·························· 21
   2.6 已有研究总结 ·· 23

3 理论分析框架 ·· 27
   3.1 理论基础与概念界定 ··· 28
   3.2 国土空间多尺度研究的减排效应剖析 ························ 34
   3.3 城市国土空间用地变化的碳代谢机理 ························ 35
   3.4 碳代谢过程中城市形态作用的理论解释 ···················· 36
   3.5 城市国土空间用地结构调整、形态优化的减排机理 ···· 39
   3.6 分析框架 ··· 41

4 多尺度城市碳汇、碳排放核算 ··· 43
   4.1 宏观尺度城市碳汇、碳排放核算 ······························· 44

  4.2 微观尺度城市碳汇、碳排放核算 ········ 51
  4.3 本章主要结论 ········ 58

5 多尺度城市碳代谢研究 ········ 59
  5.1 基于"碳流"的城市碳代谢过程模型构建 ········ 60
  5.2 基于 Kleiber 定律的城市碳排放类比模型构建 ········ 63
  5.3 宏观尺度城市碳代谢过程研究 ········ 65
  5.4 微观尺度城市碳代谢生物体自我调节特征类比研究 ········ 75
  5.5 本章主要结论 ········ 77

6 多尺度城市形态与碳排放关系研究 ········ 79
  6.1 宏观尺度城市形态与碳排放关系研究 ········ 80
  6.2 微观尺度城市形态与居民出行碳排放关系研究 ········ 84
  6.3 本章主要结论 ········ 90

7 多尺度"减排"情景模拟 ········ 91
  7.1 城市建设用地扩张情景模拟 ········ 92
  7.2 宏观尺度城市用地结构调整的"减排"情景模拟 ········ 94
  7.3 微观尺度城市形态优化的"减排"情景模拟 ········ 100
  7.4 本章主要结论 ········ 103

8 结论与展望 ········ 105
  8.1 结论 ········ 106
  8.2 政策建议 ········ 108
  8.3 创新点 ········ 108
  8.4 研究不足及展望 ········ 109

图目录 ········ 110
表目录 ········ 111

参考文献 ········ 113

1 绪 论

1.1 研究背景
1.2 研究意义
1.3 研究内容
1.4 研究方法与技术路线
1.5 数据来源及研究区介绍

1.1 研究背景

1.1.1 城市与全球"减排"

工业革命以来，人类活动导致的温室气体过度排放是全球气候变暖的主要原因。全球气候变暖正在对社会、经济、环境等各个方面产生不同的影响，也是制约社会可持续发展的重要因素之一。目前，《巴黎协定》已就21世纪末全球气温升高不超过2℃达成政治共识，并且要向控制在1.5℃努力。2018年发布的《IPCC全球升温1.5℃特别报告》再一次强调了将全球变暖限制在1.5℃可以显著减少对气候变化的影响，世界各国将继续承担巨大的减排份额。

城市是人口、建筑、交通、工业、物流的集中地，也是人类活动对地表影响最深刻的区域。工业革命以来，随着城市化的飞速发展，城市和城郊地区不仅产生了巨大的国土空间用地/土地覆盖变化，而且集中了密集的能源消耗，特别是化石燃料的集中燃烧。据研究表明，全球约75%的碳排放来自城市地区。城市化是一个人口和产业集中的过程，不仅是劳动力从以农业为基础的农村地区向以工业和服务业为主的城市地区的转移，还涵盖了农村区域向城市区域的结构转型过程。近几十年来，全球城市化进程发展迅速。世界城市人口从1975年的15.2亿增加到2018年的76.17亿，预期到2050年全球城市人口将达到92亿，生活在城市的人口将达到64亿，持续城市化进程将对全球温室气体减排目标的实现产生显著影响。同时，跟自然生态系统相比较，城市碳代谢系统循环是一个包括自然和人工过程、水平和垂直过程、经济和社会过程在内的复杂系统，城市碳循环过程具有复杂性、多样性以及空间异质性。与森林、草地、土壤等自然生态系统的碳循环相比，城市碳代谢系统由于其强度、效率、流动机制等对全球碳循环的影响非常重大，因此，城市在全球"减排"中占重要地位。

1.1.2 我国碳排放与低碳发展

1.1.2.1 我国快速城市化对全球碳循环有强烈影响

在世界上发展速度最快的地区之一的亚洲，城市每年新增4400万的人口，需要每天建造2万多新增住宅，250km的新增道路以及600万升水的新增输送。我国自改革开放至今，能源消耗总量大幅度增加，已从1978年的5714万t（标准煤当量）增长到2014年的42625万t（标准煤当量），并从2007年起成为世界第一碳排放总量大国。这与我国快速城镇化密不可分，我国正处在快速城市化的时期，城市化水平从1978年的17.9%快速增长到2017年的58.53%，平均增长速度每年超过1%，GDP在过去20年间保持近8%的增长速度。根据专家预测，我国城市化水平将继续上升并在2050年达到70%～75%左右，快速的城市化同工业化的进程对我国的可持续发展提出了严峻的挑战：发展必须摒弃发达国家在19世纪工业化初期采用的高能耗、高污染、低效率的发展模式，转而遵循环境友好型的低碳模式。城市作为地区经济发展和社会发展的核心单元，如何在保证城市化发展基础上实现"减排"成为我国低碳发展的关注重点。

1.1.2.2 我国城镇化与低碳发展

城镇化包括人口的转移和非农产业在城镇的集聚过程，城镇化对能源的大量需求主要是来自于居民的消费结构升级，我国城镇化率每增加百分之一，人均碳排放水平将增加5.8kg。城镇化除了增加居民生活能耗，还会带来大量基础设施建设，从而消耗大量的能源。"土地城镇化"是我国城镇化进程中的重要矛盾与问题，城市扩张导致大量城市基础设施和房屋的建设，能源消耗与碳排放也进一步增加。然而随着城市基础设施的完善，土地扩张速度会逐渐下降。同时城市人口密度的提升也可以降低人均碳排，合理的人口密度和人均城市建设用地面积有助于低碳城市建设与发展。目前，我国已经进入经济发展"新常态"，发展质量逐渐提升为中高端水平，低碳发展并不是一个简单的环境管理或者为了达到减排目标的手段，而是一种调节经济发展、资源节约与城镇化发展的重要政策措施。如何从绿色低碳角度思考目前的城镇化发展模式，通过绿色低碳标准引导和倒逼城镇化的全面转型，也是发展低碳城市的必然要求与途径。

1.1.3 城市代谢分析与碳循环

1.1.3.1 城市代谢视角有利于理解城市碳元素的循环过程

城市代谢是一个资源消费和废弃物产生的过程，包括城市资源和废弃物的流通、排放、处理和利用过程。解决城市碳代谢紊乱的根本途径是通过模拟生物代谢来剖析城市碳代谢机理。类比生物新陈代谢的过程，量化追踪城市生态系统的物质和能量流可以解剖城市代谢机理从而提高城市代谢效率，为理解城市可持续发展提供了有效的工具与手段。城市新陈代谢的概念最早由沃尔曼在 1965 年提出，他将城市比作一个生态系统，并描述了原材料、能源、食品和其他输入是如何流入这个系统的，以及系统如何生产产品、产生废物。但这一概念一开始并没有得到广泛运用，只被城市主义者和生态学家零星地用于大都市区的物质循环和能量平衡评价，直到 20 世纪 90 年代，学界才明确了城市代谢在理解碳平衡方面的潜力。21 世纪以来，随着城市碳循环越来越受到关注，城市碳代谢过程的相关领域的研究也逐渐开展。城市碳代谢过程涉及多类型代谢主体和多路径影响，形成了一个复杂的网络相互作用关系，因此构建一个网络模型不仅可以掌握不同组分间物质和能量流动，还可以有效识别整个城市碳代谢系统的结构分布和功能关系。很多研究通过生态网络效用分析得到一系列指标，来表征代谢主体的生态特征和作用方式生态关系，为定量剖析系统结构与功能提供了有效方法。网络模型视角下的综合关系不同于直接作用关系，网络阶层之间的生态关系可以良好表达这个主体之间的直接作用和间接作用。总体而言，从城市碳代谢的视角来考察碳在城市生态系统各个组分之间流通的强度、效率，能很好掌握城市社会经济系统与自然生态系统之间的相互作用，从而全面了解碳的循环过程。

1.1.3.2　"空间化"表达能够直接应用于实践调控城市碳代谢过程

城市碳代谢过程的研究十分复杂，早期开展的流量核算是研究基础，而目前大多关注于社会经济活动对城市碳代谢过程的影响，比如研究水平部门之间的物质流向研究。且目前研究较少考虑自然环境或不同自然主体的属性差异，如在碳代谢网络模型构建中或将环境统归为一个节点，或将环境划分为内外部环境或者本外地景观环境。而"空间化"表达城市碳代谢过程有利于为低碳城市的规划与设计、减排提供科学支持。虽然有一些学者已经初步探索如何将城市碳代谢过程空间化，如以北京为例，用国土空间用地类型为城市碳代谢附上空间的属性，但其一方面对自然主体参与碳代谢过程的研究还相对粗略，另一方面难以表现出同种国土空间用地类型的内部差异。

1.1.4　城市国土空间与"减排"

1.1.4.1　城市国土空间用地变化对碳收支有重要影响

国土空间用地变化改变了地球原有的土地覆被格局，是陆地生态系统碳循环最直接的人为驱动因素之一。土地是具有承载功能的，人类的活动和生态系统活动与国土空间用地密切相关,人类的活动方式最终都要落实到不同的国土空间用地方式上,城市国土空间用地变化对碳收支有重要影响。

一方面,城市建设用地扩张会大大侵占原本的重要碳汇,如林地、草地、湿地生态系统等,严重改变城市碳汇和碳源的强度(IPCC,2012)。同时,由于土地城镇化依赖于大量的城市建筑群与公共基础设施,导致对建筑材料和水泥的需求大幅上升,并由此带来更多的碳排放。但是随着土地城镇化的演进,能源消费结构会不断改善,技术水平会不断提高,这又会对碳排放产生一定的抑制作用。另一方面,城市国土空间用地变化也会改变碳汇和碳源的空间分布和形态。从全球尺度角度看,中国和其他亚洲国家的城市基本呈碳源特点,而其他国家和地区的城市逐渐呈现碳汇的特征。进一步从城市尺度来看,碳汇和碳源的空间分布是一个与城市中心距离相关的函数,同时建成区的扩张会加快碳汇的破碎化。

国土空间用地变化对城市碳收支影响是一个涵盖城市社会和经济的各方面的复杂问题,2007年英国政府发表的《应对气候变化的规划政策》提出,应将与气候变化有关的政策落实到国土空间用地规划上。特别指出要从区域规划层面减少碳排放,确保发展新区的碳排放适度,在土地混合使用、规划管理策略等方面充分体现可持续发展策略。我国正处于新型城镇化转型阶段,目前技术因素和产业结构因素并没有很大程度抑制碳排放的增加。因此,基于国土空间用地视角的减排措施仍有很大潜力。

1.1.4.2 城市国土空间用地结构调整与空间形态优化有助于城市"减排"

城市国土空间用地结构对于"减排"的意义主要集中在国土空间用地结构优化对产业结构的调整作用。国土空间用地结构优化通过对二三产业用地的配置变化来间接调整城市产业结构。城市形态是影响居民能源消耗的重要因素,主要影响城市住宅和交通两个部门的碳排放:城市蔓延,特别是蛙跳式城市扩张,会提高居民对私人交通工具的依赖,进一步增加城市交通碳排放;高密度城市可以提高能源的使用效率,减少其在传输期间的能源消耗,从而减少家庭能源碳排放。通过交通燃料升级、转变交通出行方式、改变城市布局结构等手段,到2050年有望实现交通部门的温室气体排放量减排20%～40%。因此,一个合理的城市国土空间用地结构和空间形态有利于低碳城市发展。

我国能源结构长期以煤炭为主,短时间内改善能源结构的技术成本很大。在过去50年里,我国国土空间用地、覆盖变化导致的碳排放占人类活动造成碳排放总量的30%，因此在我国的碳减排实践活动中，国土空间用地调控和空间调整具有极大的潜力和优势。

1.2 研究意义

（1）建立城市碳代谢过程模型，丰富城市碳代谢研究的理论与方法体系

本书尝试从空间角度建立一个包括自然和人为要素的城市碳代谢模型，并对碳代谢过程与各个主体碳收支关系进行分析，从而丰富与完善城市碳代谢研究的理论与方法体系。

（2）有效掌握国土空间用地变化对城市碳代谢影响，丰富低碳城市评价体系

本书明确了各种国土空间用地变化在城市代谢过程中的具体角色以及对整个城市碳代谢系统的综合作用，定量化测度各个国土空间用地变化的城市碳代谢空间效应，丰富了我国低碳城市的评价体系。

（3）拓展城市碳代谢的研究维度，为宏观、微观尺度减排政策提供理论指导

本书进行宏观与微观两个尺度的碳代谢过程和减排模拟研究，拓展了研究尺度，特别是丰富了微观尺度的研究。微观尺度的研究在城市可持续政策研究领域极其重要，可为不同层级政府减排目标实现的协同合作提供指导建议。

1.3 研究内容

（1）多尺度碳代谢基础数据核算

从宏观、微观两个尺度进行城市碳代谢的基础数据核算：宏观研究对象为城市，微观研究对象为城市的街道。宏观关注城市全要素的碳代谢及减排情景模拟，微观着重城市居民出行部分的碳代谢及减排潜力。宏观尺度基于国土空间用地类型以温室气体清单方法、经验系数法核算城市碳汇与碳排放，并结合社会经济指标、国土空间用地类型研究其碳排放的空间分布，并对比不同年份的时空分布特征；微观尺度以出租车GPS数据为基础，结合居民出行模式问卷调查数据、出租车GPS大数据、机动车比功率和不同出行模式碳排放系数，自下而上计算道路交通用地上的居民出行碳排放，并研究其时空分布。

(2) 多尺度城市碳代谢研究

构建国土空间用地视角下的碳代谢模型，分别基于"碳流"追踪和系统自我调节特征研究了宏观和微观尺度上城市碳代谢过程：宏观尺度量化追踪了"碳流"且利用生态网络效用分析方法构建互惠指数（M）全面评估了国土空间用地变化对于城市碳代谢的综合作用，利用面板模型类比了城市碳排放的生物体新陈代谢的自我调节特征；微观尺度的城市碳代谢主要关注街道层面的居民出行碳排放与生物体自我调节特征的类比，研究 Kleiber 生物新陈代谢定律在微观尺度的适用性。

(3) 多尺度城市形态与碳排放关系研究

利用面板数据模型和地理加权回归模型从宏观与微观尺度研究了城市形态与城市碳排放的关系：宏观尺度从城市景观格局和道路与城市形态耦合程度两个方面来描述城市形态；微观尺度结合社会经济数据从密度、多样性和道路特征三个方面来描述微观街道层面的城市形态

(4) 城市扩张背景下的多尺度"减排"情景模拟

一方面利用 FLUS 模型，模拟了城市扩张两种情景下（基准情景和"创新天堂"情景）的杭州市 2035 年城市国土空间用地空间格局：基准情景是指城市国土空间用地格局变化规律以 2005～2015 年的历史水平继续变化，城市持续大规模扩张；"创新天堂"情景增加了创新创业的驱动因子，且城市扩张速度得到控制。另一方面，以 2035 年杭州城市国土空间用地空间格局模拟结果为基础，本书情景模拟城市扩张背景下的宏观、微观尺度减排潜力：宏观尺度分析对比了国土空间用地调控和减排措施的减排作用；微观尺度讨论了城市扩张规模控制和城市形态优化下的减排作用。

1.4 研究方法与技术路线

1.4.1 研究方法

(1) 文献研究法

文献研究是认识现有研究进展、不足和发掘研究切入点的基本途径。通过梳理前人的研究，界定基于国土空间用地的城市代谢这一概念，并明确城市碳代谢需要关注"碳流"和城市碳代谢系统的自我调节特征这两个方面。

(2) 空间分析法

空间分析利用ArcGIS制作城市碳排放和碳汇空间分布，这是建立城市空间代谢模型的数据基础。一方面利用Track工具处理出租车GPS数据，另一方面利用High/Low Clustering、Moran's I、Hot Spot Analysis等工具分析街道尺度的城市碳排放热点区域及其转移轨迹。

(3) 计量分析法

计量分析一方面用于Kleiber生物新陈代谢定律的验证，另一方面有助于定量化研究城市形态与碳排放的关系。通过建立多元回归方程模型验证生物新陈代谢视角下的Kleiber定律假设是否适用于城市空间代谢：其中面板模型应用于宏观尺度的研究，多项式回归模型、地理加权回归（GWR）应用于微观尺度的研究。

(4) 情景模拟分析法

情景模拟分析是模拟未来不同技术和政策组合下的碳排放的有效方法，这种方法有助于为低碳发展创造适当的途径。情景的条件一般是根据原始状态和未来政策，以及可能的发展趋势指标来设定。不同情景之间的比较有助于对未来不同发展趋势进行深入分析，为选择未来发展机会提供决策参考。本书一方面利用情景模拟分析法模拟不同条件下的两个情景（基准情景、"创新天堂"情景）的目标年（2035年）城市国土空间用地空间格局变化，另一方面在宏观、微观尺度结合城市扩张，情景模拟国土空间用地结构调整、城市形态优化下的减排潜力。

1.4.2 技术路线

从研究的脉络来看，本文采用的技术路线如图1-1所示。首先，从宏观、微观两个尺度进行城市碳汇和碳排放核算，这是本书的数据基础。之后，以类比生物体新陈代谢思想出发，从"碳流"追踪和系统自我调节特征验证两个方面构建国土空间用地视角下的碳代谢模型，分别研究了宏观、微观尺度上城市碳代谢过程。通过理论分析可知城市碳排放在碳代谢过程中起主导作用，因而进一步研究城市碳排放与城市形态的关系：利用面板数据模型、多项式回归模型和地理加权回归模型从宏观与微观尺度研究城市形态如何影响碳排放。最后，以动态思维情景模拟基准情景和创新天堂两种城市扩张情景下，宏观与微观尺度的国土空间用地结构调整、城市形态优化可导致的2035年减排潜力。

1 绪论

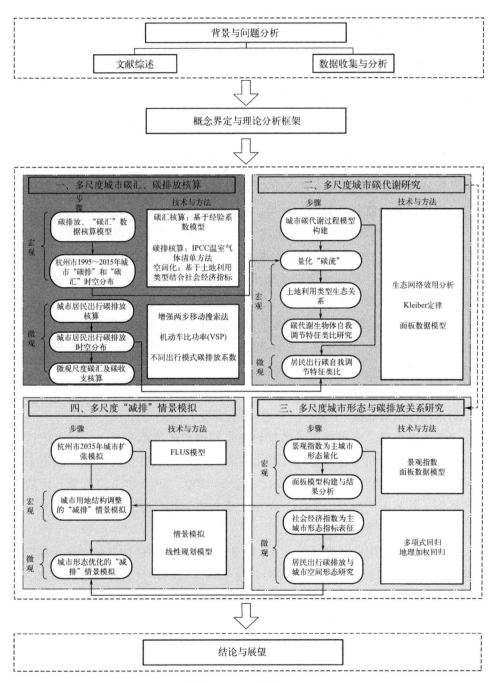

图1-1 研究技术路线图

1.5 数据来源及研究区介绍

1.5.1 主要数据来源

1.5.1.1 国土空间用地基础数据

本书所用的国土空间用地基础数据来自遥感数据,部分来自杭州市规划和自然资源局。利用 1995 年、2000 年、2005 年、2010 年与 2015 年的 Landsat4-5TM、Landsat 7ETM 和 Landsat 8 OLI 遥感影像数据,通过监督分类结合目视解译获得该分类结果。每幅遥感图像都经过图像裁剪、大气校正、几何校正的预处理。首先,通过监督分类得到林地、耕地、水域与湿地、建设用地这四个类别,经分类精度检验,Kappa 数均达到 85% 以上。再者,以杭州市 1995 年、2000 年、2005 年、2010 年和 2015 年杭州市交通图件为参考底图,在 ArcGIS 软件中通过人工矢量化得到道路交通用地类别。另外,结合历史资料、现有 POI 兴趣点工业点信息和可获得的杭州市各个年份用地现状图,同时在天地图·浙江以及同期航片对比的基础上进行人工矢量化,得到工业用地数据,整个解译和人工矢量化工作周期长达一年半。2010 年、2015 年居住用地数据来自杭州市规划和自然资源局。

1.5.1.2 统计数据

(1) 能源消费数据

工业能源数据、城市居民天然气和液化石油消费数据来自《杭州市统计年鉴》(1995 年、2000 年、2005 年、2010 年、2015 年),其他行业能源数据来自《中国能源统计年鉴》(1995 年、2000 年、2005 年、2010 年、2015 年)中的浙江省数据,并基于杭州市相关行业 GDP 占全省比例的方法折算得到。

(2) 经济社会数据

人口、化肥施用量、机械总动力、灌溉面积、猪和牛的饲养量、私人汽车拥有量、公路货物周转量、公路旅客周转量来自《杭州市统计年鉴》(1995 年、2000 年、2005 年、2010 年、2015 年)。由于数据获取限制,公交车、出租车的运行公里数以《中国交通运输统计年鉴》中 2010 年、2011 年、2013 年、2014 年四个年份的数据为基准,推导所需要的 1995 年、2000 年、2005 年、2010 年和 2015 年五个年份数据。

1.5.1.3 出租车大数据

出租车 GPS 大数据来自杭州市综合交通信息中心。GPS 数据集每天约有

1.4亿条记录。在为期一个月的数据系列中,本书提取了2015年6月5日这一个典型工作日的GPS记录。安装在出租车上的GPS设备每隔几秒定位并发送实时经度和纬度信息到接收服务器,同时出租车的ID、空置雕像、GPS测量时间戳、行车速度、此时的行驶方向均被记录在表格中。通过这种方式,它能够提供关键的空间和时间信息来分析旅行模式。表1-1展现一个样本记录来显示数据结构(由于隐私问题,本书对出租车车牌进行了匿名处理)。

原始出租车 GPS 数据　　　　　　　　　　表 1-1

PLA_NO	PLA_TYPE	LONGITUDE	LATITUDE	SPEED	ROAD_ID	GPS_TIME
浙X1	1	120.0142	30.25116	0	-1	05-6月-2015 07:36:20
浙X2	1	120.2649	30.20703	0	-1	05-6月-2015 07:36:20
浙X3	1	120.1969	30.23567		-1	05-6月-2015 07:36:20
浙X4	1	120.2049	30.25247	0	-1	05-6月-2015 07:36:20
浙X5	1	120.2901	30.19291	16	6400	05-6月-2015 07:36:20
浙X6	1	120.2983	30.42933	35	8626	05-6月-2015 07:37:00
浙X7	1	120.2669	30.14282	0	-1	05-6月-2015 07:37:00

原始出租车GPS数据存储在Oracle中,本书利用Toad for Oracle软件提取数据库中的原始数据。由于GPS设备的精准或其他异常原因会导致经纬度数据等出现偏差,故需对原始数据进行清洗和筛选,提取在后续研究中所需要的信息。原始GPS数据的预处理主要包括两个部分:对所有原始数据按照出租车编号和时间进行排列,清除在某段时间内某辆出租车的位置坐标无变化或者出现明显偏离的数据;对时间缺失、经纬度坐标缺失的异常数据予以直接剔除,删除不必要的字段以减少数据规模,提高计算效率。

1.5.1.4 问卷调查数据

通过问卷调查法收集了居民不同出行方式的出行目的,调查对象为杭州市主城区的常住居民,调查时点为2018年12月。样本数据一共为500份,其中100份为笔者亲自收集,另外400份委托"问卷星"网络公司进行调查。本书比较了这两种途径的问卷结果,显示基本接近,那么"问卷星"网络公司的问卷收集可行度较高,其结果可被接受。调查数据集包括日常出行目的和出行方式:出行目的包括回家、上班、其他工作相关、购物、餐厅、娱乐休闲、教育相关、交通枢纽相关、医疗服务相关；出行方式包括步行、公共汽车、地铁、出租车和私家车。

1.5.1.5 碳排放系数和其他经验数据

在宏观尺度碳排放核算过程中，能源碳排放系数参考《IPCC国家温室气体清单指南》和《省级温室气体清单编制指南》，该方法和系数应用广泛。其中《IPCC国家温室气体清单指南》被欧盟委员会、联合国气候变化框架公约（UNFCCC）等国际著名机构沿用，《省级温室气体清单编制指南》提供的系数是目前我国碳排放相关研究的权威指南。

交通运输、出行、耕地生产活动、人和动物呼吸等的碳排放系数主要依据已有成果。在微观尺度出行排放核算过程中，本书利用机动车比功率（Vehicle Specific Power，VSP）来计算燃料消耗，其定义为发动机每移动一吨质量（包括自重）所输出的功率，VSP与燃料消耗有很强的相关性。但因无法轻易获得计算VSP所需的车辆的运行状态，不能进行准确的燃料消耗估计。为了克服这个缺点，本书参考涂钊（2009）关于平均速度和标准燃料消耗率之间的关系的研究结果。

1.5.2 研究区介绍

1.5.2.1 研究区概况

杭州作为浙江省省会，位于浙江省的北部，属亚热带季风性气候，位于长三角腹地，是中国东南地区最发达的城市之一。杭州市西部属浙西丘陵区，东部属于浙北平原，全市总体地势格局为西南高、东北低，自西南向东北倾斜，呈阶梯下降。本书宏观尺度的研究对象为城市，其范围为主城区、萧山区与余杭区，微观尺度的研究对象为城市的街道，其范围仅仅为主城区。

改革开放以来，杭州市经济发展迅速，人均GDP从1995年的4614元上升到2015年的112600元，在中国35个主要城市中排名第八。相关文献表明，近20年来杭州市空间外延式增长迅猛，大量自然生态用地被开发为住宅用地、工业用地和道路等，引起很多环境问题，包括城区生境质量下降、生态系统服务功能降低、城区温室效应剧增等，同时杭州市作为被国家发展改革委确定的全国首批低碳试点城市，研究其国土空间用地变化带来的碳代谢效应非常有意义。

1.5.2.2 研究区国土空间用地变化

根据遥感监督分类解译和目视解译，本书将国土空间用地类型分为七类：林地、耕地、水域与湿地、工业用地、城镇其他建设用地、道路交通用地和其他类型土地。由图1-2可见，从1995年到2015年，杭州建成区总面积迅速扩大，同时路网密度也不断增加，但是林地、耕地和水域与湿地分别下降了19.14%、31.93%和31.47%。萧山区城镇其他建设用地扩张幅度最大，占全部增长的44.46%。该区水域与湿地面积减少占全市减少量的52.53%，森林减少约占全市减少量的50%。主城区城镇其他建设用地增长排名第二，占总增长的29.57%，该区道路用地增加占该类型全部增加量的38.31%，耕地减少占耕地总量减少量的40.08%。余杭区的城镇其他建设用地增加占全市的25.96%，其土地类型变化相对较小。

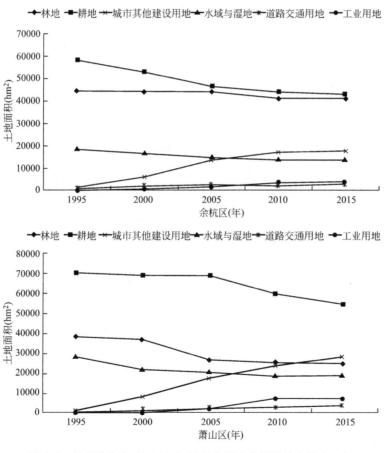

图1-2 杭州市各行政区1995~2015年国土空间用地变化（一）

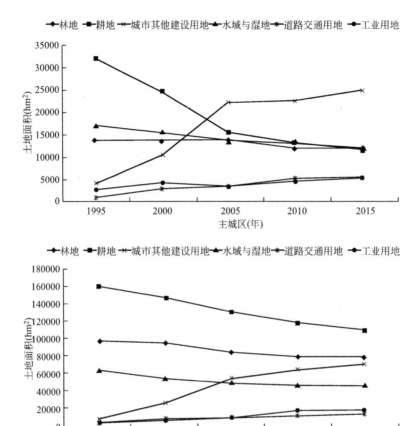

图 1-2　杭州市各行政区 1995~2015 年国土空间用地变化（二）

2 国土空间碳中和研究进展

2.1 城市碳代谢的研究进展
2.2 国土空间用地变化与城市碳收支机理研究进展
2.3 城市国土空间用地与碳排放关系
2.4 城市形态与交通碳排放关系
2.5 大数据与城市"减排":机遇与挑战
2.6 已有研究总结

2.1 城市碳代谢的研究进展

2.1.1 城市碳代谢理论与实证研究进展

通过类比生物体新陈代谢过程，城市代谢研究提供了理解城市可持续发展的工具与手段。城市代谢起源于工业代谢，根据质量守恒原理，跟踪城市中物质从最初的开采，到工业生产、产品消费，直至变成最终的废物这一过程。工业代谢研究的对象可以是某种物质、特定产品，或是物质流和能量流，通常在较大尺度范围内研究，比如国家或者流域。Wolman（1965）首次提出城市代谢（Urban Metabolism）的概念，城市代谢是一个物质、能量输入城市和产品、废物输出城市的完整过程，物质和能量的流动是城市代谢维持运作的基本方式。其认为城市可将物质和能源转换成城市内环境、人体生物质和废弃物。城市代谢是一个社会—经济—自然复合生态系统，主要描述了物质和能量在城市内部消费、储存和转换的过程与结果，通过城市代谢的研究，可以探究城市发展过程中人类对外部环境的影响与压力。近50年来，不同物质的城市代谢过程引起了研究者们的密切关注。研究者利用城市代谢研究视角对氮、磷等单一元素以及对水系统、废弃物在城市中的代谢过程进行了研究。

21世纪以来，随着全球气候变化越来越受到关注，城市碳代谢过程的相关领域研究也逐渐开展。城市碳代谢过程研究以城市代谢为基本框架，追踪碳元素在整个城市生态系统中的流动过程及其环境影响。早期，学界在建立美国物质流核算框架时就已经将城市中的碳元素流动作为重要的考虑内容，同时还考虑了林业和水域的碳汇作用。目前的研究集中在城市系统与大气系统之间的碳交换（追踪了社会经济活动产生的碳排放过程和通过自然活动从大气圈到生物圈的过程），以及水平方向的碳移动（重点解析社会经济活动内部的碳代谢过程，关注商品传递过程中隐含的碳元素流动）。

2.1.2 不同尺度城市碳代谢研究进展

目前有很多宏观尺度的城市碳代谢研究，研究对象涉及整个城市、城市群、国际间等，微观尺度的城市碳代谢主要包括自然生态系统和人工生态系统两方面。自然生态系统主要考虑不同种群的碳代谢，包括城市不同功能区的空气微生物碳代谢、城市绿地土壤碳代谢、人工湿地与城市水体中生物碳代谢等，而人工生态系统的碳代谢主要考虑城市典型功能区，比如居住社区、工业园区、垃圾填埋场、公共建筑群等。

可见，目前的不同尺度的城市碳代谢研究一方面缺乏一个统一的研究视角，不同研究者对碳代谢的理解差异很大，另一方面很多微观尺度的研究虽然能够定量化该尺度的碳流、碳平衡程度等，但是难以直接指导减排政策的制订与实施，比如居住社区或者街区尺度的研究虽然在研究尺度上更加精细，但是由于其并不是真正的行政尺度，如何将研究结果联系到真正的减排政策实施还有一定距离。

2.2 国土空间用地变化与城市碳收支机理研究进展

2.2.1 碳收支研究进展

碳收支的核算是城市碳代谢研究的定性及定量的研究基础。目前碳收支有三种核算手段：实地布点监测、过程建模和遥感。这些手段可以在城市尺度借助一些科技手段合理运用，比如涡度协方差测量仪器和强大的计算机。虽然实地布点监测可以采集到比较精确的数据，但是这种方法时间成本和金钱成本都很高。建模的手段面临相似的问题，而且需要大量样本点来验证模型的参数是否可靠，所以其成本也很高。遥感手段可以避免这些问题，但是遥感影像很受分辨率和气象影响。其中，基于遥感数据与过程模型方法来研究大尺度碳循环的影响成为新的趋势。

IPCC 温室气体清单方法是重要的核算碳排放的方法。它是指依据既有温室气体排放标准所规定的核算门类和核算方法，对城市温室气体排放进行测算，包括国际城市能源利用、大城市的碳足迹评价、城市交通运输部门能源碳排放等直接碳排放，以及城市外调电力和供暖因素、废弃物处理等间接碳排放。与自然景观组分相比，城市人工组分具有更高的碳排放，所以其对城市碳代谢影响更大。城市人工组分的碳排放来源于其承载的能源消耗，包括交通、城乡家庭生活、农业生产、工业生产以及商业活动等。虽然工业和商业活动在很多国家是能源消耗的主要来源，但是很多城市案例研究中交通部分的能源消耗也都占据主导地位。另外，城市化随之带来的人口增加和集中使得家庭能源的消耗增加，家庭生活碳排放在有些国家特定时期超过了交通碳排放。所有这些活动都是与国土空间用地变化紧密相关的，同时也深刻影响了城市碳代谢，所以城市的自然景观组分和人工组分都是不可忽略的,都是城市碳代谢的重要组成部分。

利用 IPCC 温室气体清单方法核算碳排放的一个重要部分就是明确碳排放的核算边界。国内外学者对城市碳核算的核算边界开展了广泛的探讨。总体而言,主要有两种确定方法:一是从排放源的边界与城市的地理边界关系角度,分为直接排放和间接排放两类。直接排放是指市辖区内的全部温室气体排放,而间接排放是指排放源位于城市辖区外,而排放活动与城市活动密切相关。二是从产品生产和消费与城市主体关系的角度,分为生产视角排放核算、消费视角排放核算两类。生产视角排放核算指在城市辖区范围内生产商品、提供服务产生的碳排放,以生产活动的归属区域为核算基础。消费视角排放核算指城市辖区范围内消费商品和服务行为导致的温室气体排放,以消费活动为核算基础,而不考虑排放源与城市地理边界的关系。消费视角排放核算将产生于生产领域的直接排放责任归属于最终消费部门,刻画了消费活动对气候变化的影响。也有较多学者开展基于消费视角的城市碳排放核算和比较研究,认为电力、热力消费隐含的间接排放应纳入考虑范围。

2.2.2 土地城镇化对碳收支的影响

据世界资源组织的碳排放计算器和著名碳循环研究专家估算指出:1850~1998 年间,土地城镇化及其引起的碳排放是人类活动总排放量的 1/3,而 1950~2005 年中国土地城镇化累计碳排放为 10.6Pg,占中国全部人为碳排放量的 30%,占同期全球国土空间用地变化碳排放量的 12%(IPCC,2012)。土地城镇化不仅对植被碳库和土壤表层碳库有着显著影响,甚至可以激发土壤深层惰性碳库的损失,由此引起学者广泛关注。美国南部 1945~2007 年间的城市化将 0.21Pg 碳释放到大气中,表明城市化在区域碳循环中发挥重要作用。伴随快速的工业化和城市化进程,我国 20 世纪 80 年代末到 2005 年,碳排放迅速增加,单位土地碳排放强度达到 $55.8t/hm^2$;其中,农业用地碳排放量仅占碳排放总量的 1.84%,居民点及工矿用地、交通用地的碳强度分别为 $33.64t/hm^2$、$47.81t/hm^2$,远远大于农业用地的 $0.03t/hm^2$。区域尺度上,有学者从贡献性视角分析了省级尺度国土空间用地方式变化的碳排放效应,结果表明,建设用地对碳排放贡献率高达 96% 以上。并有研究者发现,我国土地城镇化的碳收支存在时空特征:在时序上,建设用地总量与碳排放强度之间呈倒 U 形曲线关系(库兹涅茨曲线),其中居民点及工矿用地的碳排放总量远远高于其他用地类型;在空间上,我国碳排放量和强度的空间差异较显著，土地城镇化较快的东中部地区碳排放强度高于西部地区。因此，加强耕地保护和限制建设用地，以减少建设用地扩展对碳平衡的影响，合理组织国土空间用地，对帮助我国实现碳"减排"承诺，发展低碳经济有着重要意义。

土地城镇化也会改变碳汇和碳源的空间分布和形态：通过研究1980～2050年城市扩张对全球碳排放的影响发现，中国和其他亚洲国家的城市基本呈碳源特点，而其他国家和地区的城市逐渐呈现碳汇的特征。通过对城市内部研究发现，碳汇和碳源的空间分布是一个与城市中心距离相关的函数。通过研究1995～2010年的北京城市碳代谢发现，建成区的扩张会加快碳汇的破碎化，这是因为一部分碳汇被城市扩张中的建设用地所破坏或者因"耕地占补"政策，部分地方政府将林地、湿地等开垦成低质量耕地"以次充好"，这些原因导致碳汇资源完整度遭受严重破坏，影响其生态系统服务价值。

2.3 城市国土空间用地与碳排放关系

城市不同国土空间用地方式导致的碳排放差异明显，城市用地结构和模式决定了碳源、碳汇格局。城市国土空间用地结构和布局的调整，会改变自然和人为过程的碳源、碳汇的强度和组合关系。因此，应该对区域国土空间用地结构的碳效应进行综合评估，以在保证经济发展和用地需求的同时，尽可能采用最有利于碳增汇、减排的国土空间用地结构布局模式，通过国土空间用地结构调整和供地方式的碳评估，来引导形成区域低碳型的国土空间用地模式和布局。

城市形态对居民能源消耗的影响非常大，所以研究城市扩张的形态如何影响碳源的强度十分重要。城市形态对碳源强度的影响作用主要集中在城市形态对能源消耗的终结要素、评价方法和模型、实际影响等方面。城市形态通过影响城市交通和住宅能源消耗来影响城市碳排放。但是研究城市形态与住宅碳排放方面的文献较少，这是因为交通能耗的快速增长是城市规划与政策制定者面临的更棘手的问题；且住宅部门的碳减排被认为与能源效率及可再生能源应用的关系更直接，而与城市形态关系不大。故基于1993年美国住宅能耗数据的研究提出，郊区与城市中心区的住宅用能不存在显著差异。但是也有部分研究认为城市形态是否紧凑会强烈影响家庭住宅碳排放：作为紧凑度衡量指标之一的国土空间用地强度，研究表明，严格控制城市国土空间用地强度可以减少中心城区家庭能源消耗，这是由于严格的国土空间用地管制会减少建筑活动；通过对美国城市的实证研究，国土空间用地的高容积率导致建筑物暴露于外的人均面积较小，从而减少了室内外热量交换，达到降低碳排放的效果。

2.4 城市形态与交通碳排放关系

2.4.1 交通部门在城市碳排放的地位

全球交通部门的碳排放从1990年以来一直呈现快速增长的状态，其中道路交通碳排放增加了69%，这一比例预计将在2030年和2050年分别达到50%和80%。部分发达国家的城市交通运输是碳排放的第一大来源，比如1987~1994年期间，巴塞罗那市的温室气体排放主要来源是公共和私人交通，占总排放量的35%。而发展中国家及经济转型国家的城市交通碳排放增长率将会持续增加，比如北京从2001年到2008年，城市的工业碳排放比重稳步下降，而交通碳排放的比重越来越高。因此交通碳排放是城市碳排放中最重要组成部分之一，而公共汽车、无轨电车和轨道交通的百千米人均能耗仅分别为小汽车的11.9%、10%、6.2%，步行与骑车几乎为零，因此调整交通出行方式，尤其是减少小汽车出行是低碳城市形态研究的重点领域。

2.4.2 城市形态与交通出行碳排放的关系

居民出行碳排放直接来源于城市居民的交通出行，但其根源在于城市国土空间用地分布的差异性导致的空间交互，居民出行碳排放是城市国土空间用地系统与城市交通系统相互作用的结果，城市的国土空间用地结构、空间布局等因素都会影响城市交通。多数学者认为：紧凑的城市空间结构，往往伴随着居住地与就业地及公共服务设施之间较高的空间匹配程度，有利于减少居民交通需求，包括降低私家车拥有率及私家车使用强度。

城市形态主要从密度、邻近度、可达性、国土空间用地混合度、交通网络等方面通过影响居民出行来影响交通碳排放。城市密度（就业密度、居住密度等）与能源消耗和碳排放存在负相关关系。在美国，相关的研究发现，高居住密度连同好的邻里设计能够降低私人汽车的出行距离，当居住密度加倍时，可减少25%~30%的人均车行公里数；以加拿大Quebec城市为例，研究发现，居住在高密度的城市中心区域的人均碳排放比居住在郊区的少70%。城市形态的邻近程度也有助于提高各种城市活动之间的可达性，提高"职住平衡"，从而降低长距离出行需求并控制碳排放；邻近度较高，表明城市各功能空间的可达性相对较高，城市交通量较低，交通的组织相对容易；邻近度相对较低的城市，居民到另一城市功能区的交通成本较高，家庭拥有私家车的概率也越高。国内的许多研究表明，在市场经济下，城市职住分离程度日益严重，使得迁居后的通勤时间明显增加。如果城市用地的开发建设呈现分散式蔓延趋势，甚至是蛙跳式或飞地式的形态，则不利于低碳目标的实现。土地混合利用对于居民出行碳排放的影响，其本质在于居民出行的来源与目的地的空间匹配。高水平的国土空间用地混合度也是紧凑城市形态的主要体现。美国学者的研究表明，国土空间用地的混合度与通勤交通模式有着显著的相关关系，国土空间用地混合度越高，公共交通和步行出行比例就越高，就业中心的混合国土空间用地能够均衡整个都市的交通流分布，减少小汽车的出行等。国内学者基于南京、深圳、长春等地的实证研究表明，通过优化国土空间用地布局及提高国土空间用地混合程度可以缩短出行距离、出行时间和减少出行量。但是否是越高水平的国土空间用地混合程度越能促进交通减排，很多学者提出了质疑。城市的高密度可能会带来更长的通勤时间和更严重的交通拥堵。在城市蔓延区，发展高水平的国土空间用地混合模式甚至使居民对外出行更依赖私家车。因此如何通过合理的国土空间用地规划和基础设施投资引导长期的交通需求走向低碳化，是城市"减排"的重要研究命题。

2.5 大数据与城市"减排"：机遇与挑战

大数据有多层次的涵义，它可以描述数据的特征（大规模、快速、复杂、非结构化等），也可以指这种数据背后的处理技术和对社会经济的影响。目前有很多学者尝试将大数据应用于环境问题，比如大气污染监测和温室气体排放。大数据在环境领域的应用主要集中在两个方面：污染物的时空特征研究和模拟预测。

近年来，大数据集合智慧城市已经成为城市政策制定和城市管理领域的流行词语。智慧城市这一概念来自于产业界，主要包括智慧经济、智慧市民、智慧管理、智慧移动、智慧环境与智慧生活等。在可持续发展的大背景下，大数据结合智慧城市在能源领域的应用最为明显。大多数能源大数据来自传感器跟踪技术，而能源大数据分析则可以提供"有效且高效的技术支持"。目前国外已经有很多利用大数据有效实现低碳城市管理的案例。

哥本哈根（丹麦）在 2012 年提出利用大数据结合智慧城市于 2025 年实现"碳中和"的目标。哥本哈根与 IBM 公司合作收集全市的能源数据，并将这些数据向市民公开，他们认为这种数据的公开可以鼓励消费者、生产者、企业家以及程序员利用大数据帮助城市找到减少能源消耗的办法。城市内部的数据收集是这个项目的重要内容，哥本哈根根据智慧城市规划将传感器链接至全市的停车场、垃圾箱和供水设施，来收集实时数据，为决策提供依据。同时这些传感器结合无线设备可以实时提供全市的汽车、自行车的移动信息。这些技术侧重交通一体化建设，并提倡利用大数据信息技术改善自行车道并减少私人汽车的使用。此外，哥本哈根的 Nordhavn 区侧重建筑节能，该区通过与日立公司合作建立了一个城市数据交换中心的云端，不仅可以储存数据，还提供数据的购买服务。该平台计划利用多源大数据提供绿色基础设施规划、交通管理和能源使用等服务。

另一个成功案例是马尔默（瑞典）的"绿色数字城市"计划。瑞典的目标是到 2020 年减少 40% 的温室气体排放量，到 2050 年实现零排放。与哥本哈根类似，马尔默也通过结合各种数据来源来制定"减排"的有效措施。该计划包括智能电网和智能交通两部分，目标是减少排放并达到完全由可再生能源或再生能源维持城市运转的状态。

"伦敦数据"是一个通过大数据识别大伦敦地区的环境影响的计划，该计划与"伦敦能源计划"合作，通过追踪城市碳排放来达到最终的"减排"目标。虽然该计划本身在实施过程中仍处于起步阶段，但是已经有了很多数据收集和合并方面的合作伙伴。牛津大学目前也正在开发城市综合排放数据库，该计划从国家和地方两个尺度同时进行：国家尺度的碳排放数据库只是把牛津市当作一个基本单元，不再考虑城市内部各个部门的排放；而地方尺度的数据充分考虑城市不同部门的碳排放。

维也纳（奥地利）在 2011 年宣布了"Smart City Wien"计划，这个计划包括两个部分：开发智能电网，收集能耗数据；测试新的数据存储技术和容量。与牛津大学类似，维也纳政府也要求合并能源领域的相关数据。与马尔默和哥本哈根一样，维也纳也有各种排放跟踪技术和数据收集的测试站点。维也纳与西门子公司合作建立了城市数据中心，目前还处于数据收集和分析的早期阶段。

而目前国内的主要研究集中在大数据与智能电网以及大数据与交通规划这两个方面，如何将大数据应用于低碳城市管理尚处于初步探索阶段。北京市政府在这方面属于先驱，已经初步利用大数据管理城市大气污染，特别是PM2.5污染物。从2014年开始，北京市每年会公布一个PM2.5来源分析的报告。在能源减排方面，北京市还处于初步研究阶段。

2.6 已有研究总结

2.6.1 如何"空间化"表达城市碳代谢过程

城市碳汇和碳排放的空间分布是空间化表达城市碳代谢过程的基础。碳排放作为城市碳收支的主导因素，其核算方法和核算边界的不明确性给碳排放空间化带来了很大的困难。不同于国外对于城市（City）的概念定义，我国语境下的城市指代的是一个区域，所以确定核算边界是非常重要的一步。在各种城市边界界定准则中，理论界对直接排放和间接排放的界定最为清晰。将间接排放核算在内，的确可以更全面地反映城市碳排放现状，但是间接碳排放部分该如何空间化，这也是困扰城市碳排放空间化表达的一个难题。在核算方法方面，生产视角和消费视角的排放是从碳排放责任主体这一角度界定的，尽管城市现阶段多采用生产法核算碳排放，但是生产法一方面忽略了间接碳排放，也没有体现出消费行为对碳排放的驱动作用。但是如果完全从消费者角度进行核算，用于出口的商品生产产生的碳排放需要被剔除，这样一来，工业部门，特别是制造业，碳排放空间化又成为一个难题。相对于碳排放的核算问题，碳汇的空间化表达相对简单一些。但是对于既具有碳排放又具有碳汇功能的耕地、鱼塘、承载航运和水运活动的河流等介于自然和人工组分之间的要素，如何确定这些要素的功能的时空变化也是一个亟需解决的问题。

空间化"碳流"是空间化表达城市碳代谢过程的重要内容，以往的研究都关注城市部门之间的间接"碳流"，但很少对间接"碳流"进行空间化表达，因此一个合适的研究视角是城市碳代谢过程空间化表达的重要内容。

2.6.2 如何进一步完善城市碳代谢模型

国内外在城市代谢研究方面已经累积了大量研究成果，但这些研究成果仍然需要进一步完善。一方面，目前大部分对城市碳代谢过程的研究仅仅考虑了碳收支情况，且集中于碳排放、碳吸收的重要代谢路径，或集中于社会经济过程，比如社会经济部门之间，忽略了自然过程对城市碳代谢过程的影响作用。对于一个完整的城市碳代谢过程而言，不仅应当包括社会经济组分的碳排放，还应包括自然组分的碳排放与碳吸收，以及社会经济、自然组分内部的"碳流转"，只有利用城市代谢方法追踪生态系统的"碳流动"的全过程，才能有效服务于城市低碳规划及设计。另一方面，目前城市碳代谢多集中在垂直方向上，对于水平方向的转移过程则多集中在社会经济系统，而对外界环境的考虑不足，缺乏对于环境内部结构的剖析。当前城市碳代谢过程研究大多通过不同部门消耗的物质能源量来指导城市设计，基于网络思维构建的城市生态网络着眼于路径中"流"的核算，但还无法实现空间的直观表达，因此不能从城市空间角度进行方向和幅度的调整。

2.6.3　如何量化国土空间用地变化在城市碳代谢过程中的作用

城市国土空间用地变化的背后是各种社会和经济驱动要素的推动，最终达到的城市国土空间用地结构及空间形态是所有社会和经济要素的直观表现。现有的研究一方面集中于建设用地扩张和耕地减少这两方面的影响作用，忽略了建设用地扩张、耕地减少背后的其他类型土地之间的竞争关系。特别在中国，由于耕地保护政策（比如"耕地占补平衡"），城市扩张过程中实际存在"建设用地—耕地—其他自然生态用地"三者之间的竞争关系，而其他自然生态用地中，比如林地又属于重要碳汇资源，在城市碳代谢过程中起重要作用。另一方面现有的研究很少关注到城市中建设用地内部之间的转换对碳代谢的影响作用，很多研究仅仅考虑工业用地的占比，并没有将工业用地进一步细分，而不同类型的工业用地的碳排放强度往往差异很大，将工业用地看作一个整体会忽略很多城市碳代谢的细节。

在模型方面，很多研究集中在利用各种计量模型来研究国土空间用地变化对城市碳代谢特别是碳排放部分的作用，很少有研究从类比生物新陈代谢的角度来看待这个问题。从类比生物新陈代谢的角度来研究国土空间用地变化对城市碳代谢的影响作用，一方面可以研究各种国土空间用地变化的碳代谢过程中的生物学意义，还可以利用生物新陈代谢规律模拟未来的碳代谢情况。

2.6.4　如何从国土空间用地视角提出可持续的减排措施

目前很多研究集中在通过优化国土空间用地结构从而实现"减排"目标，也有研究提出城市国土空间用地限制程度，比如控制城市规模或者提高城市密度、发展紧凑城市来实现低碳城市建设。但是这些研究大多是将城市考虑成一个整体，而忽略了城市内部国土空间用地、城市规模和密度等因素的异质性。因此，从国土空间用地视角实现减排要考虑尺度效应。从城市组成来看，由国土空间用地类型构成城市空间，涉及多个层面的城市微观尺度的物质空间形态与结构，包括社区、街道、区等。因此，不能离开我国低碳发展的宏观背景，也不能就城市而言城市，应该充分考虑城市内部的空间异质性，在多尺度的范畴上设计减排措施。

3 理论分析框架

3.1 理论基础与概念界定
3.2 国土空间多尺度研究的减排效应剖析
3.3 城市国土空间用地变化的碳代谢机理
3.4 碳代谢过程中城市形态作用的理论解释
3.5 城市国土空间用地结构调整、形态优化的减排机理
3.6 分析框架

3.1 理论基础与概念界定

3.1.1 可持续发展和城市生态系统理论

城市的能量和物质流动通常被描述为城市代谢，城市代谢是一种联系城市生态和经济的研究框架。城市代谢这个名词来源于类比生物体的新陈代谢，而流动循环和自我调节是生物体的一个重要特征。

目前学术界对于城市碳代谢的定义虽未有非常明确的统一认识，但是已经有很多研究阐明了城市代谢是一个可以类比生物体新陈代谢的过程。这一思想来源于可持续发展理论。可持续发展指在全球发展过程中，在保障经济发展和生活质量提高的同时，最大限度地减少对环境资源的消耗并降低对自然环境的负面影响。很多研究都认为城市是可持续发展理论中的重要内容。"可持续城市发展"这一概念不仅涵盖可持续资源的利用，还涵盖社会公正、公平、包容、宜居和适应力发展的需要。其提出了一个跨学科的城市可持续发展的研究框架，指出城市可持续发展需要掌握城市系统的行为和发展过程，这就包括对城市特定阶段的特征（比如城市化的阶段、规模和速度，以及城市位置、形式、功能和过程）和外部驱动因子的理解。城市是一个开放的系统，除了区域内部的驱动因素以外，还受到外部环境的影响。特定的城市，包括其政府决策与驱动因素，决定了高度异质的社会、生物和物理模式（空间和时间），以及与各种城市资产或资源相关的输入、消耗和输出过程。因此可持续发展理论下的城市系统是一个社会、生物和物理空间的综合体。

在可持续发展理论上可以进一步提出城市生态系统的理论，将城市视为一个生态系统是解决目前出现的环境问题的基础。城市是生态系统，但它们与自然生态系统又有一定差异。城市生态系统是以人类为主导的，由外部和内部复杂的驱动因素相互作用来调节和控制。城市是一个能源和物质投入的系统，流入城市的能源和物质改变了城市生态系统的结构，并支持城市功能的正常运转，其中部分在城市内部以建筑、基础设施的形式储存下来，同时又能影响城市内部自然生态过程。城市又输出物质与信息，包括工业产品、服务、知识以及各种废物和排放物。而目前的主要环境问题与这些能源、物质投入和产出的管理密切相关；如果通过增加资源吞吐量来实现城市增长，那么解决环境问题的经济成本取决于对于相同物质能量投入的产出的管理，一个不可持续的代谢过程可能导致资源枯竭。

根据城市生态系统的特性，城市系统在一定程度上与生物体有相似之处，有学者认为城市具有类似生物体新陈代谢的存在，进而提出城市代谢的概念：生物体消耗食物与物质，将能量储存在生物体内进行成长，同时释放气体热量到外部环境中，而城市系统也类似地需要物质和能量的输入进行城市发展，在这个过程中将能量储存在其基础设施中，同时将污染排放到水、大气和土地中。同时目前有实证研究证明城市代谢系统与生物体新陈代谢类比的合理性：巴尔的摩的案例研究表明，城市的地球化学循环具有生物体系统的特征，人类所主导的城市系统主要从水文、大气化学、气候、营养物质、植被和国土空间用地这几个方面影响城市中元素的循环；利用国际间比较研究了25个大城市的物质和能量流转，证明了城市代谢在全球层面存在的合理性。因此，早期的城市代谢是从城市生态系统理论中诞生的。随着时间的推移，城市生态系统和城市代谢的内涵不断发展：城市代谢从直接流延伸到了间接流的研究，从跨越边界到了城市内部，从静态向动态研究发展；而城市生态系统的内涵也从城市生态向城市社会生态系统发展。有的学者指出，城市代谢和城市生态系统在概念上的最大区别在于，城市代谢利用了"城市是有机体"的隐喻，而城市生态学家则采用"城市是生态系统"的观点，从内容上看，城市代谢更注重外部因素对于城市系统的作用以及城市与外部环境的相互作用，而城市生态系更关注城市系统本身的结构、功能、模式和过程。

3.1.2 城市碳代谢概念界定

城市碳代谢是城市代谢的重要组成部分，城市代谢分析其中一个重要目的就是量化温室气体排放的环境效应，因为温室气体排放与气候变化关系密切，同时温室气体排放本身也是城市代谢中一个独立代谢过程。由于碳排放是全球温室气体排放的重要组成部分，城市碳代谢对于城市可持续发展目标的实现意义重大。目前有很多研究剖析了城市碳元素的水平代谢过程，一方面追踪了碳元素在工业、交通和农业等经济部门之间的流转，另一方面有研究从城市碳平衡模型跟踪了碳元素在城市生态系统与自然生态系统之间的流动，但是很少从空间角度对其进行研究。城市不同类型土地由于其植被覆盖类型和经济生产活动不同，具有碳源的碳排放或者碳汇的碳吸收的不同功能，故基于国土空间用地类型的城市碳代谢在一定程度上有与生物体新陈代谢的可类比性。然而，目前基于国土空间用地视角的城市碳代谢概念并没有统一认识，不同研究者对其内涵的理解是多样的。

有些研究把碳收支定义为城市碳代谢，出现了大量国土空间用地碳收支的核算研究。这些研究缺乏对"代谢"这个词语的深刻认识，忽略了碳元素在国土空间用地变化中的流转过程。虽然碳收支的核算的确是城市碳代谢的研究基础，但是把两者混为一谈还是不恰当的，城市碳代谢需要追踪碳元素在整个城市生态系统中的流动。关注碳元素的流转过程仅仅体现了城市碳代谢的流动循环这一特征，但是自我调节这一成熟生物体的重要特征，不可以被忽略。而城市国土空间用地变化的最大特征就是城市建设用地的扩张，这是一个空间上的城市规模增大过程，很多研究证明建设用地的扩张对于环境生态的压力也存在规模经济效应，城市扩张过程中建设用地所承载产业结构的转变以及基础设施的逐渐完整，甚至是环境政策和公众环保意识的加强，都会给城市带来积极的减排效应。如果将碳排放看作是能耗的一个间接表征，那么可以认为城市扩张过程中整个城市的碳排放特征也有一个自我调节的过程。

根据生物体的新陈代谢规律，基于其流动循环和自我调节这两个特征，通过理论分析，本书认为基于国土空间用地视角的城市碳代谢是一个类比生物新陈代谢的过程，通过碳元素在国土空间用地变化过程中的流转和城市扩张过程中的碳排放特征的自我调节过程，有机地联系了城市国土空间用地系统、城市生态和经济。图 3-1 是基于国土空间用地视角的城市碳代谢概念图。

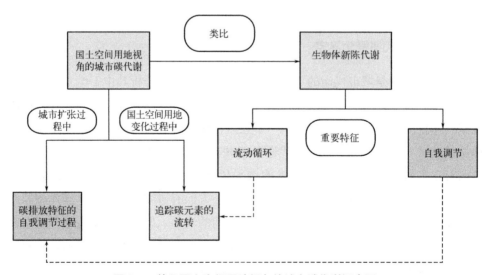

图 3-1 基于国土空间用地视角的城市碳代谢概念图

3.1.3 城市碳排放、碳汇、碳流概念界定

国土空间用地类型决定了该空间上的社会经济活动类型，而我国能源平衡表又核算了不同社会经济活动类型比如工业、城镇生活、交通运输、仓储和邮政业等的能源消耗。因此，国土空间用地类型是空间化表达碳汇、碳排放的良好载体。

城市碳排放一般包括三个范围：范围一（城市边界内的所有直接排放）、范围二（城市边界以外的间接排放，比如城市所进口的电力、蒸汽、热力和制冷等二次能源产生的排放）、范围三（城市其他间接排放，比如所外购的产品在生产、运输、使用和废弃物处理环节产生的排放）。由于范围三部分的排放难以空间化表达，而范围二电力这一部分难以分辨终端消费比例中哪部分来自于本地生产，哪部分来源于外购电力，参考中国城市尺度的碳排放清单，本书仅考虑行政边界内范围一的化石能源的直接碳排放。碳汇是指从大气中进行的碳吸收，碳汇功能受植被的影响，由于国土空间用地类型能明显影响其覆盖的植被类型，所以本书以国土空间用地类型的面积与该类型的碳汇强度经验系数来核算碳汇总量。本书没有考虑国土空间用地类型变化对 SOC 的影响，与植被相比，SOC 的变化发生的时间更长，可能需要数十年。

基于我国能源平衡表可提供的能源消耗的不同社会经济活动类型核算目录，结合我国现行国土空间用地分类标准以及《城市用地分类与规划建设用地标准》GB 50137—2011，考虑遥感解译数据的精度以及其他数据的可获得性，本书提出一个基于城市碳代谢视角的城市国土空间用地分类体系，如表 3-1 所示。虽然遥感解译很难细分出工业用地与城市道路用地，但是由于这两者是重要的碳排放载体，故笔者参考相关资料进行人工矢量化细分这两类。由于很多研究表明交通碳排放主要集中在城镇道路和公路，在农村道路上分布很少，故本书忽略了该类型。其他类型包括机场用地和其他未分类土地：航空大部分燃料是消耗在飞行过程中并不直接作用于机场用地，故航空碳排放在本书中不考虑；考虑到遥感解译的精度，其他类型未分类的碳排放和碳汇功能不考虑。同时根据前人的研究确定各个类型的碳汇或者碳排放功能：碳汇是指该类型土地能够从大气中吸收碳排放并将其固定在植被和土壤中，而碳排放是指该类型土地向大气排放碳，其概念图见图 3-2，其中耕地（C）上的植被有碳汇的作用，同时耕地的耕作生产过程又产生碳排放，所以其具有碳汇和碳排放的双重功能。

基于碳汇、碳排放核算的城市国土空间用地分类体系　　　　表 3-1

类型	内涵	功能
林地		碳汇
水域与湿地	包括湖泊、河流、滩涂、湿地、水库等	碳汇
耕地	包括旱地和水田	碳排放和碳汇
道路交通用地	主要包括城市道路和公路	碳排放
工业用地	发生工业活动的用地类型	碳排放
城镇其他建设用地	建设用地除去工业用地、道路交通用地的部分	碳排放
其他类型土地	包括机场用地和其他未分类土地	无

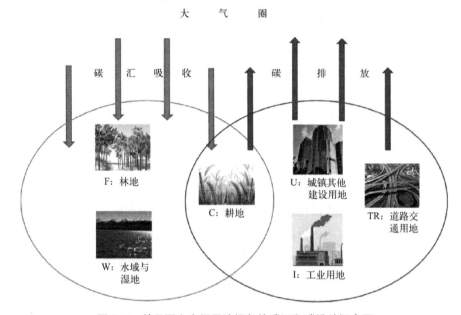

图 3-2　基于国土空间用地视角的碳汇和碳排放概念图

　　城市碳代谢过程是一个陆地生态系统与大气圈之间的碳排放和碳吸收的动态"碳流"交换的过程，这个过程包括垂直与水平方向的流动过程。垂直方向的城市"碳流"交换的过程包含陆地生态系统到大气圈的碳排放，也包含大气圈到生物圈的碳吸收。垂直方向的"碳流"在人类活动的作用下，这些流量变化映射于生物圈中就形成了水平方向的潜在碳转移过程，而这些流量变化映射到城市土地生态系统中就形成了水平方向的潜在"碳流"交换的过程，这个基于国土空间用地变化视角的潜在"碳流"交换的过程不仅体现了不同国土空间用地类型的碳排放变化，也体现了人类活动对自然土地的碳储存能力的影响。

通过国土空间用地变化转移矩阵确定"碳流"转移量，是建立城市碳代谢模型的基础。在一个研究期内，国土空间用地类型变化的地类可以看作是一个碳代谢水平（包括碳排放和碳汇的能力）变化的承载体。当两个国土空间用地类型之间发生面积交换的时候，对于面积输出方而言，该类型丧失了所转移的这部分面积的碳代谢能力，而转移后的这部分面积的碳代谢能力发生变化，其代谢能力大小由输入方的碳代谢能力所决定，这一时期由于人类活动等外界的作用，输入方的碳代谢能力会发生变化，由此产生了基于国土空间用地类型变化的碳交换活动——虚拟"碳流"（f_{ji}）的出现。如果这个过程减少了碳排或者增加了碳汇能力，本书就将其定义为积极流；反之，就将其定义为消极流。积极流有利于缓解城市碳代谢失衡，而消极流会加剧城市碳代谢紊乱。积极"碳流"主要存在于三种国土空间用地类型变化过程中：低碳汇地类向高碳汇地类转换、高碳排放地类向低碳排放地类转换、高碳排放地类向碳汇能力地类转换。而消极"碳流"主要来源于自然用地向建设用地的转换过程和自然用地向耕地的转换过程。其中路径所传递的"碳流"量取决于两者的碳代谢密度差值和转换的国土空间用地类型面积。图3-3形象阐明了这个水平方向的"碳流"交换过程。

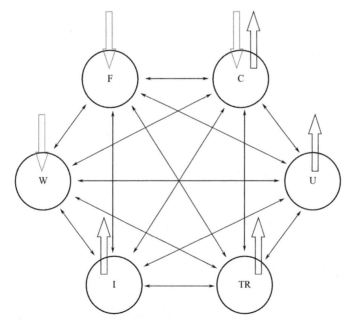

图3-3 基于国土空间用地变化的"碳流"概念图

(F：林地；W：水域与湿地；I：工业用地；TR：道路交通用地；U：城镇其他建设用地；C：耕地)

3.2 国土空间多尺度研究的减排效应剖析

尺度,特别是行政尺度,一直是城市可持续发展研究的重点关注内容。一方面,缺少基层行政尺度的研究会在一定程度上增加具体政策实施的难度。另一方面,为不同层级政府的可持续发展的协同合作提出差异化政策建议也是可持续城市研究框架的重要组成部分。减排是一个多层级政府、多部门协同治理的综合问题,所以一个多行政尺度的城市碳代谢过程及减排研究是非常重要的,能够为区域差异化减排政策的制订提供政策依据。

尺度的减排效应主要体现在不同尺度碳排放核算的方法以及影响因素的差异上。由于我国城市尺度能源统计数据的缺乏,温室清单计算法只能计算到省一级,城市尺度及以下的碳排放核算很多依靠自上而下的分配。基于全国第一次污染源普查数据,研究者们较为彻底地建立了我国 $10km \times 10km$ 碳排放网格数据,利用网格数据研究我国城市尺度的碳排放空间差异。很多研究者结合社会经济数据,研究更小尺度比如区县的碳排放空间分布差异。碳排放核算是减排责任分配的重要数据基础,不同尺度的核算、分配方法的差异不利于减排责任的具体落实。特别是针对基层政府,没有明确该行政尺度的具体碳排放,会让基层政府认为减排是一个全球问题,与自身关系不紧密,增加减排政策实施的困难程度。且不同尺度碳排放的影响因素差异很大。这种差异不仅体现在区域之间,也体现在城市的内部。这是因为发展中国家城市内部的社会经济要素的异质性比较大。不同行政尺度需要制订差异化的减排措施。

因此,本书从宏观与微观两个尺度来研究城市碳代谢过程,并以此进行减排模拟。宏观尺度是指城市层面的全部国土空间用地类型碳排放,微观尺度以街道为分析单元,主要考虑居民出行碳排放。目前很多微观尺度的研究虽然能够定量化该尺度的碳流、碳平衡程度等,比如居住社区或者街区尺度的碳代谢研究,且在精度上也更精细,但是由于其并不是真正的行政尺度,还不能将研究结果联系到真正的减排政策可实施的行政尺度。另外,微观尺度本来应该包括各类国土空间用地的碳排放,但是很多研究表明,交通用地碳排放在过去的几十年里一直处于快速增长阶段,我国一些比较发达城市的工业碳排放比重稳步下降,但交通碳排放的比重越来越高。且在城市层面,相较于货运和客运碳排放,居民出行碳排放由于受到城市形态、房价等多方面城市要素的影响,在一定程度上更容易调控，所以本书更关注微观尺度的居民出行碳排放。

3.3 城市国土空间用地变化的碳代谢机理

3.3.1 国土空间用地变化"碳流"机理解释

碳以不同形式存在于地球不同生态系统之中，国土空间用地变化可以改变生态系统的碳库，比如耕地变为建设用地，这个地类上的生物的种群动态和群落结构会发生完全改变。城市国土空间用地变化以城市建设用地扩张为主，不同国土空间用地类型的碳排放特征差异很大，特别是建设用地与非建设用地之间，因此城市扩张过程中的国土空间用地变化引起区域碳收支的大幅度变化。研究表明土地非农化增加了国土空间用地碳排放，土地非农化以后，建设用地是我国主要的碳源。同时为了保障粮食安全，我国实行了严格的耕地保护政策。该政策规定，必须通过开垦新的土地来补偿失去的农田，以维持省级和国家级农田的动态平衡。这种做法严重减少了自然碳汇。城市发展中的建设用地扩张会侵占大量耕地，为了维护"耕地占补"平衡，每年有大量湿地、潮汐滩涂、草地和坡地等自然土地被围垦成耕地。为了促进经济增长，围海造田已经成为中国沿海地区的普遍现象。

城市扩张过程的国土空间用地变化是一个复杂的网络关系，涉及多种国土空间用地类型之间的相互作用，而这个相互作用过程又改变了碳排放和碳汇的空间分布和强度，因此出现一个水平方向的虚拟"碳流"，可以用来评价代谢系统对环境产生的压力，即国土空间用地变化对城市碳代谢的综合作用。水平方向基于国土空间用地变化的城市碳代谢过程涉及多个国土空间用地类型、多种"碳流"传递路径，必然形成复杂的网络形态，这为生态网络效用分析方法的引入提供了可能。生态网络效用分析方法是一种有效分析系统物质和能量的直接流和间接流的分析方法，其源于经济学领域的投入—产出模型的改进。最早利用投入—产出模型来研究生态系统要素的结构分布，以及不同营养级种群之间的关系。Finn and Patten（1998）将这种模型推广应用到研究生态系统的物质流和能量流。其能够很好表达系统的功能以及要素之间的相互作用过程和强度，所以这种方法被广泛应用到自然—社会经济系统的研究中，包括结构路径分析、功能互动分析、网络综合分析和网络尺度分析，且能够很好研究城市代谢系统内部社会经济子系统与自然生态子系统之间是否存在掠夺、限制、互惠等生态关系。很多研究者利用生态网络效用分析方法分析了城市能源代谢、水代谢、氮代谢系统，深刻揭示了城市发展过程中物质能量交换演变规律。因此，基于"碳流"的生态网络效用分析方法可以量化系统内的国土空间用地碳效应之间的关系，反映国土空间用地变化对城市碳代谢的综合作用。

3.3.2 城市扩张的碳排放自我调节机理解释

生物体存在自我调节的功能，根据著名的"Kleiber定律"，生物体的代谢速率可以达到其质量的3/4次幂（Kleiber，1961）。这说明在生物体自然生长过程中所需要的能量不会无限增长，其对于能量利用效率可进行自我调节，较大的生物比较小的生物更节能。前人首先将这个模型运用于社会经济研究，他们将电网网络供电与生物体代谢进行类比，发现人均电力消耗与人均资本之间呈现幂律关联。同时基于"Kleiber定律"的城市代谢的自我调节特征也被广泛研究：提出一个假设，如果将城市碳排放作为城市能源使用的直接指标，"城市代谢"在一定程度上可以类比成生物体代谢。目前很少有研究讨论"Kleiber定律"在城市代谢研究领域是否存在，但是在社会经济方面有一些实证研究：研究中国能源分配与经济增长的关系发现，中国的人均GDP与人均电力消费之间的幂函数的指数略高于美国的指数（1/2～3/4之间）。城市生态学家认为城市规模会影响物质进口、转化和废物产生，一方面人口规模决定了对食物、能源等的需求，除了人口规模以外，家庭规模也会从环境行为学角度影响城市代谢，比如家庭的出行方式、家庭能源选择等；另一方面城市增长过程中有规模经济的存在，城市规模与生产力之间的积极和强烈关系是现代城市经济的核心特征，人员集中、大规模基础设施和经济活动能够提高城市创新能力和效率。对多个国家数据分析表明，随着城市规模的增加，创新、信息和财富等社会货币的回报率也在增加，大城市在能源和资源投资方面提供规模经济，同时提高了社会货币的回报率。另外也有很多研究表明，紧凑和混合的城市国土空间用地，以及互相匹配的高居住密度和高就业密度可以通过减少行驶里程来减少能源消耗和排放。

3.4 碳代谢过程中城市形态作用的理论解释

3.4.1 碳排放主导碳代谢过程的机理解释

碳排放是一个动态的过程，包括时间上的碳排放水平（数量、强度）的变化，又包括碳排放在空间中的转移。在城市碳代谢系统中，一方面，碳排放的数量、强度远远高于碳汇，这是因为城市是一个社会、经济、生态的复杂复合体，其与自然生态系统碳代谢的最大区别在于，城市碳代谢系统被人类生产生活所主导。尽管人类活动，比如对森林的砍伐、"退耕还林"、农用地整理工程等很大程度上也影响了自然生态系统的碳代谢过程，但是其与人类活动对城市碳代谢过程的干扰作用相比还是比较微弱的。这是因为与人类活动相关的能源消耗产生大量碳排放，且不同生产部门之间的碳排放差异也很大，产业结构、人口规模、城市化水平等都能很大幅度改变城市碳排放水平。另一方面，碳排放在空间中的转移是一个侵占碳汇的扩张过程，这种扩张往往伴随着城市建成区的扩张，最后可能带来城市不同功能区碳通量的差异或者与城市中心不同距离区域的碳收支差异。城市碳代谢深受碳排放水平及其空间转移的影响，所以掌握碳排放的影响因素及其作用方式，能够有效识别碳代谢过程中的关键节点，有助于缓解城市碳代谢紊乱，进一步促进城市碳代谢平衡。因此，本书着重关注城市碳排放的影响因素，以及其在城市扩张背景下的减排情景。

3.4.2 城市形态测度方法

城市形态（Urban Form）可以理解为城市的物质空间布局以及开发模式，其影响城市的发展和增长，同时也在一定程度上影响资源配置、国土空间用地、运输和基础设置的效率。城市形态的测度呈现多维度、多尺度的特征，主要分为景观生态形态、城市经济形态、城市交通形态、城市社区形态与城市设计形态这五个维度。在我国城市形态研究中，很多学者测度城市形态基于城市地理学对城市形状（Urban Pattern）的理解，这一方面的城市形态测度更偏向于对城市景观格局（Urban Landscape Pattern）的测度，城市景观格局的测度包括其如何扩张，如何配置国土空间用地、交通以及其他基础设施。不同的城市景观格局会对社会、生态和环境带来不同程度的影响，目前有很多从城市景观格局层面研究其如何影响城市碳排放。

然而，这些研究的研究尺度都相对比较宏观，集中在城市尺度的形态测度。同时城市景观格局的测度也忽视了从城市规划视角对城市空间布局和发展模式的描述，特别是忽略了社会经济指标，比如密度和多样性。密度、多样性、设计、可达性和公交便利程度等方面显著影响城市交通能耗。特别是密度，这是紧凑城市测度的重要指标，很多学者指出紧凑城市发展是一个降低能源消耗的可持续发展模式，而紧凑城市是否可以促进城市减排这个问题却存在争议：居民生活方式和人口增长的变化主导着对自然环境和资源的影响，远远超过城市形态对能源消耗的影响，甚至有研究提出不合理的城市密度增加会增加居民通勤，从而增加城市能源消耗。

因此本书从宏观、微观两个尺度测度城市形态，宏观尺度主要从城市景观格局视角测度，参考相关研究，选择了5个指标来描述城市形态：最大斑块指数（LPI）、周长面积比指数（PARA_MN）、斑块内聚指数（COHESION）、道路与建设用地耦合程度（CF）、建设用地斑块面积（CA）。微观尺度主要从城市经济形态视角进行测度。基于现有的遥感解译和多源数据结合的2015年国土空间用地分类数据，从密度、多样性和道路特征三个方面来描述微观街道尺度的城市形态。其中密度从居住密度和就业密度两个方面进行描述，多样性从用地混合度和职住分离度来描述，道路特征方面考虑路网密度、路网连接度和道路面积率指标，这也是道路网规划的重要指标。

3.4.3 城市形态影响碳排放的机理解释

尽管发展节能技术、优化能源结构、转变经济发展模式等减排措施能够有效降低碳排放，但是这些发展模式对于减排目标实现而言是一个长期且高成本的转变机制。合理的城市形态调整在降低城市碳排放方面有显著作用：城市形态影响城市的经济功能和效率，进而显著影响能源消耗。城市形态从城市扩张、城市形态复杂性和城市紧凑性三个方面来影响城市碳排放。其中，交通出行碳排放往往受城市形态的影响很大，这是因为交通行为与城市形态密切相关，且两者之间形成复杂的相互作用关系，城市形态决定了城市空间结构和城市功能的空间分布，而这两个要素显著影响交通行为。城市形态影响居住、商业、工业活动的强度，不同的居住、商业和工业活动的强度产生不同目的的出行需求。道路等交通基础设施的分布又进一步影响出行的效率及可达性，同时可达性又深刻影响土地价格和区位，一定程度上，土地价格和区位也是影响城市形态的重要因素。

虽然目前已经有很多对于城市碳排放和城市形态关系的研究，但是多数研究的尺度都比较单一，主要集中在城市尺度，没有考虑不同研究尺度之间的异同，而不同研究尺度所得到的城市碳排放与社会经济变量之间的关系存在显著差异，同时不同行政尺度所能控制的指标也有一定的差异性，所以不同尺度的碳排放与城市形态研究的指标选择也要谨慎思考。基于此，本书多尺度分析城市碳排放与城市形态的关系，并讨论不同尺度中紧凑城市发展是否真能促进减排。

3.5 城市国土空间用地结构调整、形态优化的减排机理

3.5.1 国土空间用地结构调整的减排机理

影响城市碳排放的因素很多，其中社会经济因素是一个重要的驱动力，比如人均GDP、人口规模、经济增长、能源强度、能源结构等都是重要的减排影响因素。我国目前面临严峻的减排压力，但是绝不可能为了实现减排目标牺牲经济增长和城市化发展进程，这种以牺牲发展而达到减排目标的发展模式是不可持续的，不符合可持续发展目标下的低碳城市建设。

人类活动往往以国土空间用地类型为载体，不同国土空间用地类型所承载的社会经济活动也往往不同，由于不同的社会经济活动的能源消耗差异很大，其不同类型的碳排放强度存在较大的差异。国土空间用地结构的调整在一定程度上可以看作是对人类社会经济活动的空间分布和强度的重构，以城市土地"退二进三""腾笼换鸟"等政策为例，减少高耗能、高污染的传统粗放工业企业用地比重改变了原有土地的生产活动的强度和能源消耗，有些工业企业的搬迁改变了原有国土空间用地类型上的社会经济活动类型。因此可以考虑通过调整国土空间用地结构来减少城市碳排放。在规划期内通过国土空间用地结构调整，我国碳排放可以减少 81.7TgCyr^{-1}，国土空间用地结构优化的减排潜力为常规低碳减排措施的三分之一左右。这种调整形式从短期来看能够有效抑制碳排放的增长，从长期来看可实现减排目标并完成低碳城市的建设。虽然国土空间用地结构调整本身包括建设用地结构调整和农业用地结构调整，考虑到很多研究表明我国建设用地的碳排放远远高于农业用地的碳排放，所以本书只考虑建设用地结构调整的减排作用。建设用地结构调整通过影响产业结构而达到减排效果。不同产业的能源消耗差异很大，工业产业部门，尤其重工业是碳排放的主要来源。第三产业的劳动力使用远远高于对物质生产资料的需求，第三产业比例的增高能促进能源利用效率的提高，因此产业结构调整对我国碳排放影响很大。

虽然目前已经有不少学者从国土空间用地结构优化角度研究了一些城市的减排潜力，但是依旧有一些欠缺。一方面，有些研究缺少了动态思维，忽略了城市扩张过程中单位国土空间用地碳排放强度会随着时间而变化，使得模拟结果和真实情况相差较远；另一方面，选择减排模拟的目标年也是减排情景研究的重要部

分。我国承诺碳排放在 2030 年左右达到峰值并争取尽早达峰，可见 2030 年这个时间点对于我国减排目标的实现非常重要，故目前有很多研究以这个时间点为目标年份进行情景模拟；而我国空间规划部门则提出面向 2035 年的国土空间规划，可见减排目标的预期实现年份与空间规划部门的规划编制目标年份存在一定的差异。以往本专业的研究者往往从过去国土空间用地总体规划的编制目标年份来考虑国土空间用地结构调整的减排潜力，考虑到通过国土空间用地结构及空间布局的调整来达到减排作用这一思路，本书选择国土空间规划的编制目标年份 2035 年作为本书的情景模拟目标年。

3.5.2 城市形态优化的减排机理

居民收入水平差异、私家车保有量等社会经济因素都显著影响城市居民出行碳排放，但减少城市内部贫富差距、限制私家车出行等政策措施实施的成本和难度都很高，而城市形态又能通过影响出行的交通需求和效率显著减少碳排放，因此优化城市形态、实现出行碳排放的减少是可行的。城市形态优化主要从道路设施与城市功能分布两个方面来体现减排效应。道路设施方面包括利用道路规划中的路网密度、路网间距、路网连接度、道路面积率等指标来提高交通效率，促进城市减排，这是因为交通拥堵以及低速行驶会增加车辆能耗。城市功能的合理分布可以有效缓解目前城市扩张过程中职住分离的现状，职住分离是导致通勤出行距离不断增加的重要驱动因素，目前有研究表明，我国城市蔓延造成大部分城市职住分离度较高。城市功能与用地类型密切相关，用地混合度的提高一定程度上也可以促进城市职住平衡，进一步减少居民通勤和长距离出行，从而减少碳排放，符合目前我国多个城市提出的"30 分钟"低碳社区的理念。

空间规划和交通规划的整合是一个有助于低碳城市发展的良好策略，国土空间用地和交通决策的有机整合是实现低碳城市发展的一个不可或缺的要素。但是全球城市建设经验表明，城市国土空间用地是目的，城市交通是实现城市国土空间用地的手段。因此，空间规划的核心是围绕国土空间用地来制定和编制交通规划，而不能让交通规划牵着走。空间规划是有多目标的，与空间规划目的相一致的交通发展规划是实现空间规划目标的有力保障和前提之一。当城市发展的轨迹是国土空间用地驱动城市交通，城市交通发展反过来又影响城市国土空间用地时，城市的发展是理性、可持续和有竞争力的。

3.6 分析框架

以往城市碳代谢研究以黑箱研究为主，缺乏对碳元素的持续性追踪，同时缺乏空间化表达，一定程度上很难具体应用于城市布局调整来指导低碳城市建设。同时很多研究的研究尺度比较单一，不能满足多级行政尺度的减排政策和低碳城市发展战略制订的需要。国土空间用地视角的城市碳代谢是一个多维度、多尺度的复杂过程，因此很难有一个统一认识。在梳理文献的基础上，通过对关键概念的界定和对尺度效应的减排机理剖析，提出一个宏观、微观尺度的碳代谢基础数据核算方法；再者，通过对城市国土空间用地变化碳代谢机理剖析，提出城市碳代谢模型；之后，在理论上剖析碳排放、城市形态在碳代谢过程中的重要作用，并提出宏观、微观两个尺度的城市形态与碳排放关系的分析框架；最后，在国土空间用地结构调整、形态优化的减排机理剖析基础上，提出城市扩张背景下宏观、微观减排模拟思路。本书提出的分析框架如图 3-4 所示。

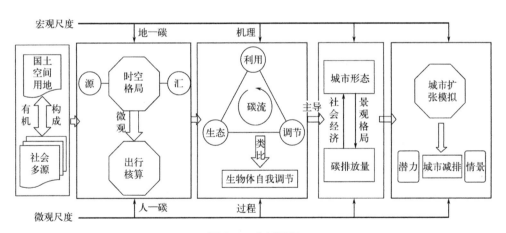

图 3-4 分析框架

4 多尺度城市碳汇、碳排放核算

4.1 宏观尺度城市碳汇、碳排放核算
4.2 微观尺度城市碳汇、碳排放核算
4.3 本章主要结论

4.1 宏观尺度城市碳汇、碳排放核算

4.1.1 城市碳排放、碳汇核算模型

碳排放、碳汇的核算是分析城市碳代谢的前提。本书参考《IPCC 国家温室气体清单指南》《省级温室气体清单编制指南》等，并结合前人的研究，根据我国实际情况，考虑数据可获取性，建立碳排放活动与国土空间用地类型的对应关系，调整确定碳排放核算目录（表 4-1）。

基于国土空间用地类型的碳排放核算目录　　　表 4-1

	类型	碳排放活动
I	工业用地	工业生产活动
TR	道路交通用地	交通和运输活动
U	城镇其他建设用地	建筑业批发、零售业和住宿、餐饮业、城镇居民生活能耗以及居民呼吸
C	耕地	农业耕作生产以及牲畜呼吸

（1）工业用地碳排放核算：工业用地的碳排放仅考虑工业过程中直接能源消耗的碳排放，不考虑水泥等原料生产与运输过程的碳排放。这是因为一种物质往往生产地与消耗地不同，为了避免双重计算不再考虑此类间接碳排放。工业用地碳排放具体计算如式（4-1）所示：

$$C_I = \sum_{i=1}^{i=n} E_i f_i \tag{4-1}$$

式中　C_I——工业用地碳排放；

　　　E_i——工业能源消费量（标准煤）；

　　　f_i——各种能源的碳排放系数，见表 4-2；

　　　i——每种能源类型；

　　　n——工业能源消耗总类型。

能源碳排放系数表　　　表 4-2

能源类型	标准煤换算系数	碳排放系数
煤炭	$0.7143 \text{kgce} \cdot \text{kg}^{-1}$	$0.7559 \text{kg} \cdot \text{kgce}^{-1}$
焦炭	$0.9714 \text{kgce} \cdot \text{kg}^{-1}$	$0.8550 \text{kg} \cdot \text{kgce}^{-1}$
原油	$1.4286 \text{kgce} \cdot \text{kg}^{-1}$	$0.5857 \text{kg} \cdot \text{kgce}^{-1}$
汽油	$1.4714 \text{kgce} \cdot \text{kg}^{-1}$	$0.5538 \text{kg} \cdot \text{kgce}^{-1}$

续表

能源类型	标准煤换算系数	碳排放系数
煤油	1.4714kgce·kg^{-1}	0.5714kg·kgce^{-1}
柴油	1.4571kgce·kg^{-1}	0.5921kg·kgce^{-1}
燃料油	1.4286kgce·kg^{-1}	0.6185kg·kgce^{-1}
其他石油制品	1.2280kgce·kg^{-1}	0.5857kg·kgce^{-1}
天然气	1.2143kgce·m^{-3}	0.4483m^3·kgce^{-1}
液化石油气	1.7143kgce·m^{-3}	0.5042m^3·kgce^{-1}

注：标准煤换算系数来自《综合能耗计算通则》GB/T 2589—2020，其指出低（位）发热量等于29307千焦（kJ）的燃料，称为1千克标准煤（1kgce）；碳排放系数根据IPCC（IPCC，2006）的计算法则，源于《省级温室气体清单编制指南》。

（2）道路交通用地碳排放核算：道路交通用地的碳排放包括客运、货运以及居民出行三个部分；客运、货运的交通碳排放包括境内碳排放和跨界运输碳排放两个部分；居民出行包括私家车、公交车、出租车出行碳排放。基于数据可获取性原则，在处理跨界运输客车、货车和铁路的碳排放责任分配时，假设从杭州出发和到达杭州的车辆行驶里程（VMT）大致相等，因此只考虑杭州始发的长途客车、货车和铁路的柴油、汽油燃烧的碳排放。由于客运、货运在地级市尺度缺少单独能源消耗数据，本书参考前人研究成果和统计公报数据进行计算，虽然不同年份系数会有一些变化，但是由于数据获取受限再加上研究的是研究区的相对变化，所以影响并不是很大。另外对于航空碳排放，虽然起飞和降落时有部分航空碳排放直接作用于机场用地上，但是航空大部分燃料是消耗在飞行过程中，并不直接作用于机场用地，所以航空碳排放这一部分不予考虑。道路交通碳排放（V_{RT}）计算如式（4-2）所示：

$$C_{TR} = C_{travel} + C_{transport} = K_p M_P + K_b M_B + K_T M_T + T_i F_i \quad (4-2)$$

式中　　C_{TR}——道路交通用地碳排放；

　　　　C_{travel}——出行碳排放；

　　　　$C_{transport}$——客运、货运碳排放；

M_P、M_B、M_T——私家车、公交车、出租车的运行公里，公交车、出租车的运行公里以《中国交通运输统计年鉴》中2010年、2011年、2013年、2014年四个年份的数据为基准推导所需要的另外年份，根据估算，中国私人汽车年均行驶1.5万km/辆，摩托车年均行驶4000km/辆；

T_i——第 i 种跨界运输的交通量,来自《杭州统计年鉴》(1995 年、2000 年、2005 年、2010 年、2015 年);

F_i——该种运输的碳排放系数。

(3) 城镇其他建设用地碳排放核算:城镇其他建设用地碳排放包括其他产业碳排放和城镇居民生活碳排放。其中,其他产业包括所承载的建筑业、批发、零售业和住宿、餐饮业。由于地级市尺度建筑业、批发、零售业和住宿、餐饮业的能源消耗缺失,本书利用杭州市各行业 GDP 水平与全省的比值来进行这部分能耗的分配。另外由于《中国能源统计年鉴》的能源平衡表提供的城镇生活消费部分包括私人的交通工具能耗,为了避免与道路交通用地的碳排放重复计算,本书根据地级市年鉴所能提供的天然气、液化石油气数据自下而上地测算城镇其他建设用地的居民生活碳排放。具体计算如式(4-3)所示:

$$C_u = C_{ui} + C_{ur}$$
$$C_{ui} = GDP_1\% \times \sum_{i=1}^{n} E_i f_i + GDP_2\% \times \sum_{i=1}^{n} E_i f_i \quad (4\text{-}3)$$
$$C_{ur} = E_{ng} f_{ng} + E_{lpg} f_{lpg} + K_p P$$

式中 C_u——城镇其他建设用地碳排放;

C_{ui}——城镇其他建设用地承载的产业碳排放;

C_{ur}——城镇居民生活碳排放;

$GDP_1\%$——建筑业 GDP 所占比例;

$GDP_2\%$——批发、零售业和住宿、餐饮业 GDP 所占比例;

E_i——该目录能源消费量(标准煤);

f_i——各种能源的碳排放系数,见表 4-2;

i——每种能源类型;

n——工业能源消耗总类型;

E_{ng}——城镇居民生活天然气消耗(标准煤);

E_{lpg}——城镇居民生活液化石油气消耗(标准煤);

f_{ng}——天然气的碳排放系数,见表 4-2;

f_{lpg}——液化石油气的碳排放系数,见表 4-2;

P——城镇常住人口数量;

K_p——人体呼吸碳排放系数,见表 4-3。

(4) 耕地碳排放核算:耕地碳排放包括农业生产过程碳排放和牲畜呼吸碳排放。农业生产过程碳排放包括化肥施用、机械耕种及农田灌溉过程的排放,而牲畜呼吸碳排放主要考虑猪和牛的，其具体计算如式（4-4）所示，对应 K 值及 F 值见表 4-3 和表 4-4：

$$C_c = C_A + C_L = K_1 M + K_2 S_i + K_3 F + K_4 P + K_5 C_a \tag{4-4}$$

式中　C_c——耕地碳排放；

　　　C_A——农业活动碳排放；

　　　C_L——牲畜代谢碳排放；

　　　F——化肥施用量；

　　　M——机械总动力；

　　　S_i——灌溉面积；

　　　P——全年猪饲养量；

　　　C_a——全年牛饲养量。

国土空间用地类型碳排放系数　　　　　　　　表 4-3

类型	内容	系数
K_p	人类呼吸 (kg yr^{-1} 人$^{-1}$)	79
K_1	农用机械 (kg·kW)	0.18
K_2	灌溉 (kg/hm^2)	266.48
K_3	化肥施用 (kg/kg)	0.858
K_4	猪呼吸 (kg yr^{-1} 头$^{-1}$)	82
K_5	牛呼吸 (kg yr^{-1} 头$^{-1}$)	796
CO_2 与碳转换系数		0.27

道路交通碳排放系数　　　　　　　　表 4-4

	类别	系数
F_1	公路客货运 (kg/吨公里)	0.0556
F_2	铁路客货运 (kg/吨公里)	0.0217
K_{car}	私人汽车 (kg/100km)	22.3
K_b	公共汽车 (kg/100km)	88.1
K_T	出租车 (kg/100km)	28.3

本书的高空间分辨率网格数据中对于各类碳排放的分配规则，结合数据可获得性，建立了表 4-5 的分配规则，最终可得区级尺度的各个地类的碳排放。

宏观尺度城市各类碳排放分配规则　　　　　　　　　表 4-5

	碳排放类型	分配指标
工业用地	工业直接能源消耗	各个区的工业 GDP
城镇用地	建筑业、批发、零售业和住宿、餐饮业的碳排放	工业以外的其他产业 GDP
城镇用地	城镇居民生活消费和居民呼吸碳排放	常住人口
道路交通	私人出行碳排放	路网密度和人口数量
道路交通	运输部分碳排放	客运和货运的运输量

（5）国土空间用地类型的碳汇量核算：绿色植物通过光合作用将储存在大气中的碳合成有机物，同时植物还通过呼吸作用分解有机物为二氧化碳和水等简单无机物。扣除呼吸部分，得到植物净初级生产力（NPP），NPP 与植物的碳吸收能力密切相关。鉴于研究区在研究期 NPP 变化不明显，对结果分析影响微乎其微，因此本书采用固定经验系数模型，不再考虑每年具体的变化。

城市碳汇计算公式如式（4-5）所示：

$$V_S = \sum_{i=1}^{n} kS \tag{4-5}$$

式中　V_S——城市碳汇；
　　　S——国土空间用地类型面积；
　　　i——碳汇类型的国土空间用地类型；
　　　n——碳汇类型的国土空间用地类型的总数目；
　　　k——碳汇吸收系数，其中水域与湿地的碳汇系数取湿地、河流和湖泊三者的平均值，具体见表 4-6。

国土空间用地类型碳汇系数　　　　　　　　　表 4-6

国土空间用地类型		k 系数	单位
耕地		0.0007	$kgC\ m^{-2}\ yr^{-1}$
林地		0.0657	$kgC\ m^{-2}\ yr^{-1}$
水域与湿地	湿地	0.0567	$kgC\ m^{-2}\ yr^{-1}$
水域与湿地	河流	0.0250	$kgC\ m^{-2}\ yr^{-1}$
水域与湿地	湖泊	0.0390	$kgC\ m^{-2}\ yr^{-1}$
水域与湿地	平均值	0.0402	$kgC\ m^{-2}\ yr^{-1}$

4.1.2 杭州 1995～2015 年碳排放、碳汇时空分布研究

根据各地类碳排放活动的核算方法和碳汇系数，本书对杭州市 1995 年、2000 年、2005 年、2010 年和 2015 年五个典型年份的各地类碳排放、碳汇进行核算，核算结果见图 4-1。

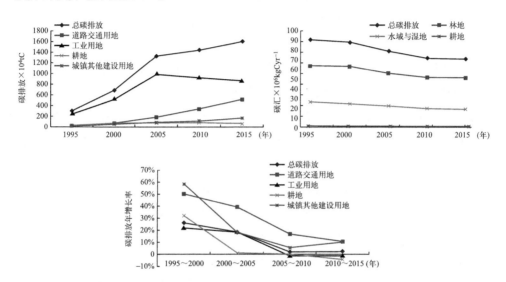

图 4-1 杭州市 1995～2015 年国土空间用地碳排放特征变化

从图 4-1 可知，杭州 2015 年的碳排放量为 $1601.6×10^4tC$，与 1995 年相比增加了 4.47 倍，年均增长率近 30%。其中工业用地碳排放一直占主导地位，从 1995 年的 $240.30×104tC$ 迅速上升到 2015 年的 $861.65×10^4tC$，增加了近 2.5 倍。工业用地碳排放密度经历了一个先上升后下降的过程，首先从 1995 年的 $0.08tC·m^{-2}$ 迅速增加到 2005 年的 $0.12tC·m^{-2}$，之后下降了 58.94%，到 2015 年的 $0.05tC·m^{-2}$。而道路交通用地碳排放增加速度最快，从 1995 年的 $17.52×10^4tC$ 增加到 2015 年的 $511.26×10^4tC$，增加了近 30 倍，其中该地类 2015 年的碳排放密度几乎是 1995 年的 10 倍。城镇其他建设用地碳排放从 1995 年的 $11.62×10^4tC$ 增加到 2015 年的 $167.58×10^4tC$，同时城镇其他建设用地碳排放密度增加了 52.58%。耕地碳排放从 1995 年的 $28.34×10^4tC$ 上升到 2015 年的 $61.14×10^4tC$，此期间碳排放密度增加了 3.2 倍。不同国土空间用地类型的碳排放增长率在 1995～2000 年、2000～2005 年、2005～2010 年和 2010～2015 年这四个阶段差异很大，但是都呈现出下降的趋势。综合来看，虽然工业用地碳排放总量远

远超过其他用地类型,但是道路交通用地碳排放总量的增长速度远远超过工业用地,按照这个增加趋势,未来道路交通用地碳排放总量会超过工业用地,成为首要的城市碳排放来源,所以低碳城市建设要着重考虑交通减排这一方面。

由于一段时间内相对稳定的碳汇密度,碳汇量的变化仅仅与碳汇类型地类的面积变化相关。2015 年杭州的总碳汇能力是 $7.03\times10^4 tC$,相比 1995 年而言下降了 22.29%。林地是最重要的碳汇功能的国土空间用地类型,占了总碳汇的近 70%,1995~2015 年期间下降了 20%。与 1995 年相比,2015 年的水域与湿地碳汇能力下降了近 30%,这与西溪湿地的开发和杭州湾湿地复垦有密切关系。

总体来看,碳汇仅仅吸收研究期间内杭州 0.66% 的碳排放,说明杭州市在整个研究过程中碳收支是不平衡的,其碳收支被碳排放所主导,由于碳收支是碳代谢研究的数据基础,那么调控碳排放的来源和强度将是城市碳代谢平衡的关注重点。

上述分析可见,尽管耕地表现出碳排放的功能,但是其贡献度远远不如其他建设用地,为了分析杭州市研究期内建设用地碳排放在萧山、余杭、主城区三个区域内的差异,将各类建设用地的碳排放进一步分配到区级尺度。工业用地碳排放以各个区的工业 GDP 为分配指标;城镇用地碳排放中的建筑业、批发零售业和住宿、餐饮业的碳排放以第三产业 GDP 占比分配到各个区,城镇居民生活消费和居民呼吸碳排放以人口为比例分配;道路交通碳排放中的私人出行碳排放以各个区的路网密度和人口数量为比例进行分配,运输部分碳排放以运输量为指标进行分配。由此,本书可以得到 1995 年、2000 年、2005 年、2010 年和 2015 年的各区建设用地碳排放量变化,如图 4-2 所示。

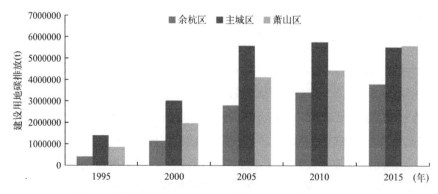

图 4-2 杭州市各区 1995~2015 年建设用地碳排放量变化

根据杭州市各个区域1995~2015年碳排放量直方图,2010年之前主城区的碳排放总量一直处于三个区域的主导地位,但是2015年萧山区的建设用地碳排放总量超过了主城区,成为首位。1995~2015年,萧山区建设用地碳排放增加了5.4倍。增长幅度最大的却是余杭区,增加了8.17倍。主城区相对来说增长幅度是最小的,仅仅增长了2.93倍。

4.2 微观尺度城市碳汇、碳排放核算

微观尺度碳汇核算依旧沿用前文提到的固定经验系数模型,碳排放则关注居民出行碳排放。本书主要利用出租车GPS大数据、居民出行模式选择问卷、机动车比功率和不同出行模式碳排放系数来模拟计算城市居民全部出行碳排放的时空特征:一方面利用GPS大数据结合机动车比功率模型,得到出租车出行碳排放的空间分布,另一方面利用两步移动搜索法获得每辆出租车不同出行段的出行目的,再利用居民出行目的问卷,结合不同交通方式的碳排放系数来计算的居民出行碳排放。

4.2.1 居民出行碳排放核算

4.2.1.1 基于VSP模型的交通碳排放核算模型

本书利用机动车比功率(Vehicle Specific Power,VSP)来计算燃料消耗,研究表明VSP与燃料消耗有很强的相关性,具体见表4-7。

标准油耗率　　　　　　　　　　　　　　　表4-7

区间号	平均速度区间(km/h)	标准油耗率	区间号	平均速度区间(km/h)	标准油耗率
1	0~2	1.085137	9	16~18	1.841056
2	2~4	1.258708	10	18~20	1.922954
3	4~6	1.311138	11	20~22	1.996735
4	6~8	1.477515	12	22~24	2.045498
5	8~10	1.573123	13	24~26	2.092286
6	10~12	1.64575	14	26~28	2.163184
7	12~14	1.729985	15	28~30	2.186922
8	14~16	1.807417	16	30~32	2.25144

续表

区间号	平均速度区间（km/h）	标准油耗率	区间号	平均速度区间（km/h）	标准油耗率
17	32~34	2.328849	27	52~54	2.6796
18	34~36	2.338148	28	54~56	2.715854
19	36~38	2.361389	29	56~58	2.755036
20	8~40	2.395369	30	58~60	2.809524
21	40~42	2.441831	31	60~62	2.864735
22	42~44	2.470396	32	62~66	2.956168
23	44~46	2.538255	33	66~70	3.049095
24	46~48	2.566097	34	70~80	3.289347
25	48~50	2.581801	35	80以上	3.550955
26	50~52	2.595985			

结合表4-7，建立出租车行驶油耗计算的式（4-6）和式（4-7）：

$$Q = ER_0 \times NER_i \times T_i \quad (4-6)$$

式中 Q——出租车行驶的实际耗油量；

ER_0——当VSP等于0时的平均油耗率，此处使用0.274g/s；

NER_i——表中第i区间的标准油耗率；

T_i——出租车实际行驶时平均速度落在i区间的总时间。

$$E = Q \times EF_k = ER_0 \times NER_i \times T_i \times EF_k \quad (4-7)$$

式中 E——每条轨迹所产生的二氧化碳排放量；

EF_k——排放量的排放因子。

IPCC提供汽车用二氧化碳的排放因子（693000kg/TJ）（IPCC，2006）。根据汽油的热值（43040kJ/kg），二氧化碳排放因子（693000kg/TJ）转化为2.98kg/L，将该值用于本书。其中二氧化碳和碳之间的转换值是44/12。

4.2.1.2 基于出租车出行目的的居民出行碳排放估算方法

基于出租车碳排放核算结果，本书结合不同交通方式的碳排放系数、居民调查问卷，得到出租车出行占各出行目的的百分比，按照比例修正以后得到不同时间段居民出行碳排放。

在出租车GPS轨迹数据背景下，本书推断出行目的的思路是考虑到空间和时间的吸引力变化POI兴趣点（Point of Interest）的旅行推理方法。POI点信息是利用爬虫技术从高德地图上获取。该方法的目的是计算每个POI的访问概率，并选择最大访问概率为该下车点的出行目的。

考虑到城市某些区域集合了多种功能，本书主要采取以下策略来解决这个问题：(1)引入时间约束来识别候选POI。虽然一些购物中心同时包括餐厅、娱乐和购物区，但它们通常在一定时期内提供特定类型的活动。例如，人们通常在中午和黄昏去用餐。因此，餐厅POI不会出现在其他时间段。(2)考虑到步行空间内的所有POI。比如购物中心表示为多个POI而不是单个POI，所以POI的数量也影响出行目的的推断。如果某个类型的POI在候选POI中的百分比在一定范围内高于其他类型，对应于此目的的出行概率也相对较高。

因此，本书判断出行目的主要分为三步：识别候选POI，评估候选POI吸引力以及计算候选每个POI的访问概率并选择最大概率值的POI，以最大概率值的POI类型为出行目的。

识别候选POI，本书考虑空间和时间两个条件。一个为POI在步行范围内距离下车点的距离（500m）。最大步行距离（MWD）是代表乘客的步行空间。在这里，最大步行距离MWD为500m。另一个为POI是否处于开放时间，POI的开放时间见表4-8。

工作日POI开放时间　　　　　　　　　　　　　　表4-8

出行目的	POI类型	时间段
回家	居民小区等住宅	6:30～9:30,10:30～15:30,17:30～21:30,22:00～24:00
上班	办公楼、政府部门	6:30～9:30
其他工作相关	办公楼、政府部门	10:30～15:30
交通枢纽	火车站、汽车站	6:30～9:30,10:30～15:30,17:30～21:30
购物	购物中心、超市	10:30～15:30,17:30～21:30
餐饮	餐厅	10:30～15:30,17:30～21:30
娱乐	文化设施（比如博物馆）	10:30～15:30,17:30～21:30
娱乐	电影院、KTV、酒吧等其他	10:30～15:30,17:30～21:30,22:00～24:00
教育相关		6:30～9:30,10:30～15:30
医疗相关		6:30～9:30,10:30～15:30,17:30～21:30,22:00～24:00

首先，非候选POI的吸引力被设定为零，对于出租车乘客可到达的POI，本书利用增强型两步移动搜索（E2SFCA）模型来评估它们不同时间段的吸引力。E2SFCA模型最初是用于评价服务设施的可达性，是通过增加距离衰减函数来改

进两步移动搜索（2SFCA）。两步移动搜索（2SFCA）的基本思路分为两步：对每个供给点 j，搜索一定半径范围内的需求点 k，并计算供给需求比；对于每个需求点 i，搜索所有一定范围内的供给点，并把所有的供需比加起来得到 i 点的可达性。由于传统 2SFCA 对搜索半径内的差异未进行区分，在 2SFCA 基础上进行改进，对于搜索半径内的距离衰减函数进行了分段处理，在搜索半径处理上增加了一个空间距离 d_0，并利用高斯方程赋予权重并进行累加；对于需求点的搜索半径也利用了类似的高斯函数。

权重根据高斯函数确定。最后，本书利用贝叶斯规则的访问概率函数来计算每一个候选 POI 的访问概率，贝叶斯概率函数同时考虑空间和时间约束来推断 GPS 出租车轨迹的出行目的。

4.2.2 杭州居民出行碳排放时空分布研究

4.2.2.1 出租车出行碳排放时空分布

由于杭州市出租车主要运营在主城区，萧山区和余杭区的大部分乡镇区域出租车运营比较少，为了提高研究结果的准确性，本书选择主城区为研究范围。利用 ArcGIS 中的 "Track intervals to line" 工具获得同一辆出租车两个相邻点之间的平滑的轨迹，该结果可以得到每条轨迹的平均速度、行驶时间、距离等基本信息，这些信息可以被利用来计算行驶轨迹的燃料消耗，从而得到每条轨迹的碳排放。为了提高计算的效率和准确性，本书利用平均速度对轨迹进行一定筛选，轨迹距离超过 100km 和平均速度超过 120km/h 一般被视为无效轨迹，这些错误是来自于 GPS 自带的误差。

本书首先对一个典型日的出租车碳排放时空分布变化进行分析，以 2015 年 6 月 5 日为例，其随着时间变化每小时碳排放变化如图 4-3 所示。

从图 4-3 可知，出租车出行碳排放在 9:30~10:30 达到全天的第一个峰值，之后有所下降；在 13:30~14:30 达到全天的第二个峰值且是全天的最高峰值；14:30 开始以后，虽然在 17:30~18:30 期间有所上升但是总体呈现下降趋势。每小时碳排放并没有在早高峰时期达到全天的最高值，而是在午后（13:30~14:30）才达到顶峰，可能的原因一方面是早高峰时期比较拥堵，显著降低了平均出行速度，另一方面也有可能是因为工作日的早高峰时期选择出租车出行的居民比较少，可见利用出租车出行特征代表工作日居民出行需求有一定的误差，需要经过修正。

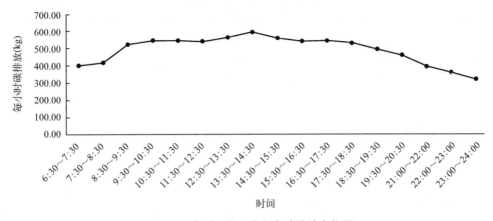

图 4-3 典型工作日出租车碳排放变化图

根据 POI 的开放时间,本书选择一天中的主要时间段进行研究,最终得到该四个时间段的出租车出行每小时碳排放如图 4-4 所示。

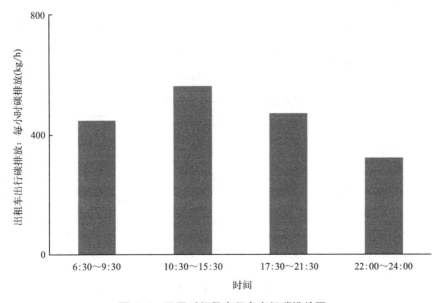

图 4-4 不同时间段出租车出行碳排放图

4.2.2.2 居民出行碳排放时空分布

表 4-9 是本书利用居民调查问卷得到的不同出行目的的交通工具选择,由此得到不同出行目的的交通工具出行分担率。

居民出行目的交通模式选择（调查问卷结果）　　　　　表 4-9

出行目的＼交通工具	步行	公交	地铁	出租车	私家车	自行车
回家	14.07%	23.91%	21.71%	8.93%	18.41%	12.97%
上班	16.31%	23.61%	18.83%	7.16%	21.75%	12.33%
购物	19.74%	20.50%	18.66%	11.17%	19.09%	10.85%
餐厅	16.83%	17.81%	19.56%	18.25%	19.13%	8.42%
娱乐休闲	15.30%	17.82%	20.55%	18.66%	19.50%	8.18%
教育相关	17.40%	16.73%	15.39%	9.64%	30.52%	10.31%
交通枢纽相关	4.23%	21.14%	28.99%	29.59%	13.77%	2.29%
医疗服务相关	8.63%	22.87%	22.17%	19.37%	22.17%	4.78%
其他工作相关	10.55%	20.06%	21.34%	20.32%	21.07%	6.67%

注：交通枢纽相关指的是与高铁站、汽车站等交通枢纽相关的出行。

由调查问卷可知，出租车出行仅仅能代表居民的部分出行特征，在工作出行目的中占比最小，仅仅占全部出行的 7.16%；其在交通枢纽相关的出行目的中占比最大，为 29.59%，可见仅仅利用出租车 GPS 数据来代表全部的出行有一定的局限性。此外，本书结合不同交通方式的碳排放系数和居民调查问卷结果，按照比例修正以后得到不同时间段居民出行碳排放，如表 4-10 和图 4-5 所示。

不同时间段居民全部出行碳排放总量　　　　　表 4-10

时间段	6:30～9:30	10:30～15:30	17:30～21:30	22:00～24:00	主要时间段总计
每小时出租车出行碳排放(kg)	446.87	561.88	471.65	323.57	
出租车出行碳排放(kg)	1340.61	1685.64	1414.95	647.14	5088.34
每小时居民出行碳排放(kg)	2039.44	1608.73	1529.47	1143.1	
居民出行碳排放(kg)	6118.32	4826.19	4588.41	2286.2	17819.12

由表 4-10 可知，杭州典型工作日主要时间段居民出行碳排放为 17819.12kg，其中出租车出行碳排放占 28.56%。按照各个时间段碳排放强度来看（每小时碳排放），早高峰 6:30～9:30 是居民出行碳排放高峰期，10:30～15:30 是出租车出行高峰期。这与早高峰时期居民出租车出行选择不多有关。结合问卷调查结果

4 多尺度城市碳汇、碳排放核算

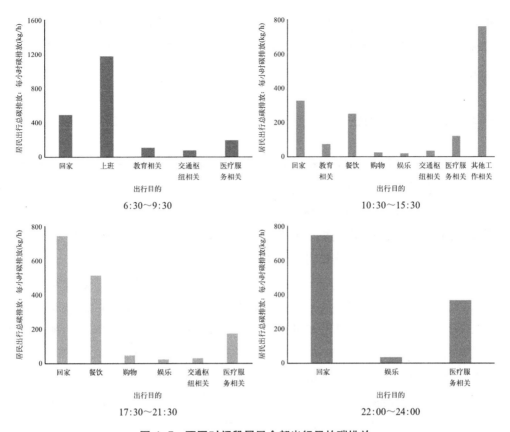

图4-5 不同时间段居民全部出行目的碳排放

来看，出租车出行模式在上班出行目的中仅仅占7.16%，而工作日早高峰期间一般以上班出行目的为主。这说明本书的数据修正非常有意义。

由图4-5可知，早高峰碳排放以上班出行目的为主，10:30～15:30期间出行碳排放以其他工作相关为主，17:30～21:30和22:00～24:00期间以回家出行碳排放为主。综合来看，四个主要时间段出行碳排放都以工作和回家为主。

4.2.3 杭州微观尺度碳汇及碳收支核算

本小节利用经验系数模型来计算杭州主城区典型工作日主要时间段碳汇量。为了与出行碳排放计量单位保持统一，根据表4-6国土空间用地类型碳汇系数，将年计数转换为小时计数。根据表4-6可以得到林地和水域与湿地以小时计数的碳汇系数分别为7.50×10^{-6}kg/h和4.59×10^{-6}kg/h。根据各街道碳汇类型土地面积，可以得到其碳汇量，将其与出行碳排放相加可以得到碳赤字。经计算可得,主要时间段碳汇量为 16374.00kg,可以抵消 91.89%的该时间段居民出行碳排放。可见,通过提高碳汇质量、增加碳汇面积等措施达到居民出行碳排放与碳汇的收支平衡是可行的。

4.3 本章主要结论

宏观、微观两个尺度的城市碳汇、碳排核算是城市多尺度碳代谢研究的数据基础,宏观尺度建立了国土空间用地类型与不同碳排放项目的对应关系,尝试建立了基于国土空间用地视角的城市碳排放核算清单。微观尺度有效结合 GPS 大数据与问卷调查数据,利用机动车比功率模型和不同出行模式碳排放系数,计算典型工作日出行碳排放。实证得到具体结论如下:

(1) 宏观尺度:杭州 2015 年的碳排放量为 $1601.6×10^4$tC,是 1995 年的 $297.78×10^4$tC 的近 5 倍。其中工业用地碳排放一直占主导地位,从 1995 年的 $240.30×10^4$tC 迅速上升到 2015 年的 $861.65×10^4$tC,增加了近 2.5 倍。而道路交通用地碳排放增加速度最快,从 1995 年的 $17.52×10^4$tC 增加到 2015 年的 $511.26×10^4$tC,增加了近 30 倍。虽然碳汇仅仅吸收研究期间内杭州 0.66%的碳排放,但是这对于城市碳收支平衡而言非常重要。2015 年杭州的总碳汇能力是 $7.03×10^4$tC,相比 1995 年而言下降了 22.29%。林地是最重要的碳汇功能的国土空间用地类型,占总碳汇的近 70%。

(2) 微观尺度:杭州典型工作日主要时间段(6:30～9:30、10:30～15:30、17:30～21:30 和 22:00～24:00)居民出行碳排放为 17819.12kg,其中出租车出行碳排放占 28.56%。居民出租车出行碳排放出现两个高碳排放区域,分别靠近杭州商业中心武林广场和交通枢纽杭州火车东站,出租车出行碳排放在 10:30～15:30 期间最高。早高峰 6:30～9:30 是居民出行碳排放高峰期,10:30～15:30 是出租车出行高峰期。主要时间段碳汇量为 16374.00kg,可以抵消 91.89%的该时间段居民出行碳排放。

5 多尺度城市碳代谢研究

5.1 基于"碳流"的城市碳代谢过程模型构建
5.2 基于Kleiber定律的城市碳排放类比模型构建
5.3 宏观尺度城市碳代谢过程研究
5.4 微观尺度城市碳代谢生物体自我调节特征类比研究
5.5 本章主要结论

5.1 基于"碳流"的城市碳代谢过程模型构建

为了定量化国土空间用地类型的碳代谢能力，本书将单位时间面积的碳排放、碳吸收能力定义为碳代谢密度（W），国土空间用地变化前后两个地类之间碳代谢密度（ΔW）差异导致了"碳流"的产生。

碳代谢密度 ΔW 计算公式如式（5-1）和式（5-2）所示：

$$\Delta W = W_i - W_j = \frac{V_i}{S_i} - \frac{V_j}{S_j} \tag{5-1}$$

$$f_{ji} = \Delta W \times \Delta S \tag{5-2}$$

式中 i、j——分室；

f_{ji}——从 i 流向 j 的"碳流"；

W_i——i 分室的净"碳流"密度；

W_j——j 分室的净"碳流"密度；

V_i——i 分室的净"碳流"；

V_j——j 分室的净"碳流"；

S_i——分室 i 的面积；

S_j——分室 j 的面积；

ΔS——国土空间用地转移面积。

如果 $\Delta W > 0$，说明碳汇增加，这是一个积极"碳流"，有助于城市碳代谢平衡；如果 $\Delta W < 0$，说明碳汇减少或者碳排放增加，这种消极"碳流"会加重城市碳代谢紊乱。

同时，为了体现每个参与碳代谢的国土空间用地类型与城市碳代谢系统的联系，对于每个参与代谢的国土空间用地类型都假设一个平衡变量 x_k 的存在，使得这个动态开放系统遵循质量守恒定律。每个参与城市碳代谢的国土空间用地类型都会从环境中吸收碳量，而平衡变量 x_k 等于其输入的碳量减去输出的碳量。积极平衡变量 x_k（＋）代表一个从系统移动能量池的损失（系统能量增加），消极平衡变量 x_k（－）代表一个从系统移动能量池的获取（系统能量减少）。同时，本书定义每个参与代谢的国土空间用地类型的通量为所有流量与状态变量之差，T_k 等于所有流入或者流出 k 的流减去或者加上 x_k。如果 $x_k < 0$，T_k 等于所有流入 k 的流减去 x_k；如果 $x_k > 0$，T_k 等于所有流出 k 的流加上 x_k。具体计算如式（5-3）所示：

$$T_{in} = \sum f_{kj} + \sum z_k - \sum(x_{k-})$$
$$T_{out} = \sum f_{ik} + \sum z_k - \sum(x_{k+}) \tag{5-3}$$

式中　f_{kj}——j 流向 k 的"碳流"；

f_{ik}——k 流向 i 的"碳流"；

x_{k-}——碳汇减少或者碳排增加；

x_{k+}——碳汇增加或者碳排减少。

有效利用矩阵（D）可以反映各"碳流"的直接作用，d_{ij} 表示各分室间"碳流"的有效利用率，根据 D 可以得到无量纲的整体效用矩阵 $U=（u_{ij}）$（Fath 和 Patten，1998），具体计算公式如式（5-4）～式（5-6）所示：

$$d_{ij} = (f_{ij} - f_{ji})/T_i \tag{5-4}$$

$$D_{ij} = \begin{bmatrix} \dfrac{f_{jj} - f_{jj}}{T_j} & \dfrac{f_{ji} - f_{ij}}{T_i} \\ \dfrac{f_{ij} - f_{ji}}{T_i} & \dfrac{f_{ii} - f_{ii}}{T_i} \end{bmatrix} \tag{5-5}$$

$$U = (u_{ij}) = D^0 + D^1 + D^2 \cdots + D^m = (I - D)^{-1} \tag{5-6}$$

式中　D 的上标——"碳流"交换的分室个数；

单位矩阵 I——各分室流量产生的自我反馈。

通过整体效用矩阵（U）可以得到生态网络中分室之间的综合作用（Integral Interaction）方式，综合作用能够有效解释两个分室在整体网络作用下的综合作用。比如即使两个分室之间没有直接作用，但是它们在第三个分室作用下会产生一个隐藏的生态关系：如图 5-1 所示，虽然 2 与 3 之间没有直接的作用，但都从 1 获取能量，所以它们存在一个间接的竞争作用。利用整体效用矩阵（U）研究城市代谢能更好掌握各个分室的综合作用关系。表 5-1 总结了整体效用矩阵（U）所有可能存在的生态关系。

虽然在理论上有 9 种生态关系，常见的只有四种（掠夺、限制、互惠共生、竞争）：掠夺和限制关系说明一个分室利用了另一个分室，在这个作用中一个分室得到了效用转移而另一个分室损失了效用；竞争关系说明两个分室之间相互竞争导致两者都损失了效用；互惠共生关系则是说明两个分室在互相作用过程中都增加了效用。

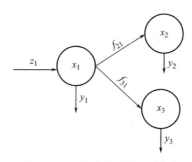

图 5-1　间接竞争生态示意图

注：x_1：分室 1；x_2：分室 2；x_3：分室 3；y_1：输出 1；y_2：输出 2；y_3：输出 3；z_1：输入 1；f_{21}：自分室 1 到分室 2 的流；f_{31}：自分室 1 到分室 3 的流。

生态关系分类　　　　　　　　　　　　　　表 5-1

	+	0	—
+	(+,+) 互惠共生	(+,0) 共栖	(+,—) 掠夺
0	(0,+) 共生	(0,0) 中立	(0,—) 偏害
—	(—,+) 限制	(—,0) 主导	(—,—) 竞争

其实掠夺关系和限制关系的实质是相同的，所以把这两种关系合并为单独一类，统称为掠夺限制关系。掠夺限制关系在城市化过程中最常见，比如城市扩张在增加城市用地的同时减少了农用地，这就是一种典型的掠夺限制关系的表现。竞争关系和互惠共生关系是在整个网络综合作用下产生的，并不能通过直接流产生，但却真实反映在流的相对大小下各个分室之间的关系。

本书利用互惠指数（M）来量化各个分室之间的生态关系，当 M 大于 1，说明国土空间用地变化对城市代谢的作用是积极的。M 越大，说明国土空间用地变化对城市代谢积极作用越强烈。由式（5-7）可知，竞争关系与互惠共生关系对互惠指数（M）的影响非常大，所以掌握竞争关系和互惠共生关系在城市碳代谢各个分室之间的分布规律的意义尤其重大。

$$M = N_+ / N_- \tag{5-7}$$

式中　N_+——矩阵 U 中的正"碳流"个数；

　　　N_-——矩阵 U 中的负"碳流"个数。

5.2 基于 Kleiber 定律的城市碳排放类比模型构建

生物有机体的代谢定律显示：对于很多有机生命体，其基础代谢率水平与体重的 3/4 次幂成正比。也就是说，较大的动物比较小的动物消耗更多的能量，但是使用能量的速率增加的程度小于体形增加的比例（Kleiber，1975）。因此，较大的生物比较小的生物更节能。近年来，这个代谢标度律逐渐扩展到城市化进程中的资源利用、经济发展以及城市动态发展等方面。对多个国家的数据分析表明，城市人口与城市不同属性指标之间存在三种不同的标度律：线性、次线性和超线性。线性关系一般存在于城市人口与居民需求相关的城市指标；次线性关系一般存在于与基础设施资源投资相关的经济指标，与生物有机体代谢规律类似；超线性关系一般存在于社会属性指标，表示随着人口规模的增加，创新、信息和财富等社会货币的回报率也在增加。正如所观察到的那样，大城市在能源和资源投资方面提供规模经济，同时提高了社会货币的回报率。

根据已知的生物代谢率和生物体的质量关系，城市碳代谢和城市规模之间可能存在次线性关系。以往的研究多关注城市人口规模与城市物质代谢之间的关系，本书着重研究城市碳代谢与用地规模之间的生物代谢标度律。标度律的特征是属性指标 Y 取决于系统本身的大小，具体公式如式（5-8）所示：

$$Y(N)=Y_0 N^{\beta} \tag{5-8}$$

式中　Y_0——归一化常数；

β——缩放指数，也可以解释为经济学中通常定义的弹性。

当考虑从 N 到 λN 的因子 λ 的任意比例变化时，这种"幂律"关系的重要性变得明显。这引起 Y 从 $Y(N)$ 到 $Y(\lambda N)$ 的变化，如式（5-9）及式（5-10）所示：

$$Y(\lambda N)=Z(\lambda, N)Y(N) \tag{5-9}$$

等式两边取对数为：

$$LnY(\lambda N)=LnZ(\lambda, N)+LnY(N) \tag{5-10}$$

这个公式说明当 Y 和系统成比例时，Y 和系统规模 N 之间的关系。当规模因子 Z 的变化取决于 λ 时，即 $Z(\lambda, N) = Z(\lambda)$，式（5-9）可以唯一求解，从而得到式（5-8）标度守恒的定律。标度守恒意味着这个关系——$Y(\lambda N)/Y(N)$ 的比例被无量纲数 β 参数化，β 通常被称为比例指数。$Y(\lambda N)/Y(N)$ 的比例与特定系统的规模 N 无关，但是取决于 λ 之间的比例。当对等式（5-9）的两边取对数时，该表达式为线性关系，并且在对数图上产生的直线是幂律的特征。

"城市新陈代谢"观点认为城市需要各种物质投入，包括能源等，来维持结构并保持功能。碳排放可以解释为城市能源使用的间接衡量标准，那么可以将城市碳代谢与生物领域进行比较。城市地区最显著的特征之一是土地城镇化，城市建设用地规模也是城市内部社会经济活动的决定因素。经济学中的大量文献表明，较大的城市群更具生产力和更具创新性。城市规模与生产力之间的积极和强烈关系似乎是现代城市经济的核心特征。虽然有很多研究将人口规模作为衡量城市规模的指标，但是土地城镇化指标对于城市环境与社会经济发展系统之间的关系变化更加敏感。近几十年来，我国城市建设用地增加了 78.5%，远远超过了城市人口增长率（46%）。此外，由于驱动因素的不同，事实上存在多种多样的城镇化类型，而使用人口指标很难区分这种差异。再者，建设用地面积可以更多地反映不同密度城市和不同交通系统的能源使用和温室气体排放等环境相关信息。所以本书利用建设用地来表达城市规模，如果将反映城市特征的城市用地规模看成是城市这个有机体的重要器官，那么通过类似城市代谢提出一个新的问题：较大用地规模的城市碳排放强度是不是比较小的更高？

宏观尺度，本书构建了杭州三个组成部分（主城区、萧山区和余杭区）1995年、2000年、2005年、2010年、2015年的面板数据的数据集，分别以整体和分地类视角来研究碳排放与用地规模之间是否存在标度律。因此本书建立以下四个面板模型：（1）建设用地碳排放强度，建设用地总体规模。其中建设用地面积是工业用地、道路交通用地、城镇其他建设用地三者之和，而建设用地碳排放也是这三种地类之和；（2）工业用地碳排放强度，工业用地规模；（3）道路交通用地碳排放强度，道路交通用地规模；（4）城镇其他建设用地碳排放强度，城镇其他建设用地规模。其中碳排放强度是指人均碳排放，人口数据选用常住人口数据。

微观尺度，本书关注居民出行碳排放强度与用地规模之间的关系是否符合 Kleiber 定律。居民出行碳排放强度被定义为街道尺度的人均出行碳排放，用地规模为该街道的建设用地面积，其中街道尺度的人口数据来自第六次人口普查数据，并以 2010 年和 2015 年杭州市统计年鉴的常住人口数量为基准进行校正。根据上一章节，街道尺度居民出行碳排放在空间上明显形成两个核，一个靠近杭州商业中心武林广场，而另一个靠近交通枢纽中心杭州火车东站。前者始终在四个时间段存在，而后者在最后一个时间段不明显。所以相对杭州商业中心武林广场的距离，也是需要被考虑的重要控制变量。因此本书以街道为研究单元，建立如下回归模型：居民出行碳排放强度（TCD），用地规模（UL），相对杭州商业中心武林广场的距离（DA）。

5.3 宏观尺度城市碳代谢过程研究

5.3.1 基于国土空间用地变化的"碳流"时空变化特征研究

本书利用碳代谢"碳流"来描述城市国土空间用地变化过程中的碳平衡。根据国土空间用地变化矩阵，可以得到不同时期的国土空间用地变化带来的"碳流"变化（表5-2）：城市净"碳流"（积极"碳流"与消极"碳流"之和）在这四个期间一直保持负值，这说明积极"碳流"一直远远小于消极"碳流"，城市国土空间用地变化总体上是加剧了城市碳代谢的不平衡。1995~2000年、2000~2005年这两个研究期，消极"碳流"主要来自于耕地→工业用地（C→I）和耕地→城镇其他建设用地（C→U），前一个时期分别占总消极"碳流"的61.63%和15.23%，而后一个时期则分别占7.15%和74.65%。2005~2010年期间，主要消极"碳流"来自于耕地→工业用地（C→I）和城镇其他建设用地→道路交通用地（U→TR），分别占全部的67.15%和12.35%。最后一个研究期2010~2015年期间，主要消极"碳流"来自于耕地→工业用地（C→I）和耕地→道路交通用地（C→TR），占全部的46.31%和31.82%。这说明道路交通用地高碳排放逐渐成为阻碍城市碳代谢平衡的重要部分。主要积极"碳流"的来源比较稳定：1995~2000年、2000~2005年和2005~2010年的积极"碳流"基本来自于工业用地→城镇其他建设用地（I→U），而2010~2015年的主要积极"碳流"来自于城镇其他建设用地→林地（U→F）。

"碳流"交换表　　　　　　　　表5-2

交换值 （$\times 10^6 kgC\ year^{-1}$）	方向	1995~2000年 交换量	2000~2005年 交换量	2005~2010年 交换量	2010~2015年 交换量
消极"碳流"		−616.18	−1498.90	−1093.49	−250.11
正"碳流"		6.14	422.00	95.36	6.41
净"碳流"		−610.04	−1076.90	−998.13	−243.70
H1(F,C)	F→C	—	−14.04	−4.4	−0.56
H2(F,U)	F→U	−4.59	−26.99	−15.72	−1.56
H3(F,TR)	F→TR	−2.82	−2.46	−14.44	−1.92

续表

交换值 ($\times 10^6$ kgC year^{-1})	方向	1995~2000年 交换量	2000~2005年 交换量	2005~2010年 交换量	2010~2015年 交换量
H4(F,I)	F→I	−50.86	−96.22	−21.52	−8.43
H5(C,U)	C→U	−93.83	−107.16	−62.22	−27.61
H6(C,TR)	C→TR	−52.3	−30.6	−63.51	−79.59
H7(C,I)	C→I	−379.77	−1118.88	−734.26	−115.82
H8(W,C)	W→C	−7.09	−2.35	−6.26	−0.42
H9(W,U)	W→U	−12.4	−8.77	−10.29	−1.75
H10(W,TR)	W→TR	−11.27	−1.39	−8.64	−0.37
H10(W,I)	W→I	−61.5	−78.02	−17.15	−0.63
H10(U,TR)	U→TR	−11.35	−12.02	−135.08	−11.45
H12(U,I)	U→I	71.6	—	—	—
B1(C,F)	C→F	0.05	9.67	5.87	1.13
B2(C,W)	C→W	—	—	0.59	0.01
B3(U,F)	U→F	0.03	8.48	9.41	2.05
B4(U,C)	U→C	0.12	33.54	16.09	0.97
B5(U,W)	U→W	0.01	0.82	0.9	0.01
B7(I,F)	I→F	—	17.44	2.36	0.15
B8(I,C)	I→C	—	33.13	8.39	0.8
B9(I,W)	I→W	—	8.69	—	—
B10(I,U)	I→U	5.93	310.23	51.76	1.3

注：F：林地；C：耕地；W：水域与湿地；U：城镇其他建设用地；TR：道路交通用地；I：工业用地。

图 5-2 展示了积极"碳流"和消极"碳流"的时空分布特征。杭州工业郊区化在 1995~2000 年主要表现在西湖风景区周边污染企业外迁以及由城区高密度建设和高地价引起的工业用地主动调整。这一期间，主要消极"碳流"分布在主城区的东北部和萧山区的中部，这些消极"碳流"主要来源于近郊耕地被工业用地侵占。同时萧山区的北部也分布一些重要的消极"碳流"，主要来自围海造田等复垦工程。

2000~2005 年期间，消极"碳流"主要集中在主城区和萧山区。在主城区，消极"碳流"主要分布在钱塘江的东部和西部，这与城市发展战略方向一致：杭州从西湖时代走向钱江时代。大量的高强度消极"碳流"集中在萧山区，特别是

5 多尺度城市碳代谢研究

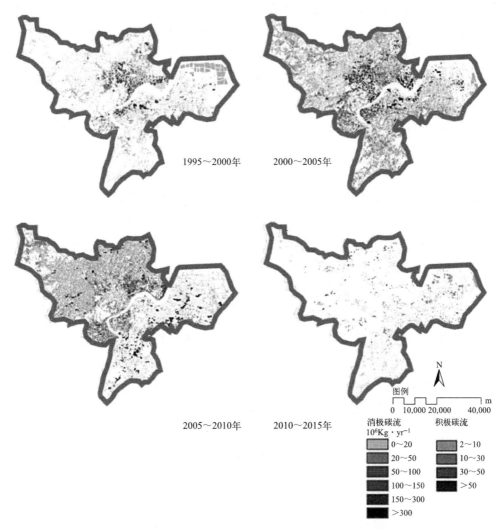

图5-2 1995~2015年城市空间"碳流"变化图

在靠近主城区的萧山区西部，这与工业园区在此坐落密切相关。相对便利的交通区位和与主城区的紧密联系使得萧山区西部吸引了部分工厂搬迁于此。同时期，由于工业搬迁，主城区大量工业用地转换为其他建设用地，在这个"退二进三"的城市用地置换过程中，主城区内部产生了大量积极"碳流"。该期间，工业郊区化主要来自工业园区的兴起，以杭州经济技术开发区（下沙）、杭州高新技术开发区、江东工业园区和临平工业园区为代表的优惠政策吸引了主城区大量工业企业外迁。

2005~2010年消极"碳流"量明显减少，一方面是因为杭州工业布局形成一定格局，搬迁现象逐渐减少，另一方面国土资源部2009年依据第15号令对土地执法监察中发现的问题进行问责，严重打击了土地违法占用耕地现象。这一时期，整个萧山区南部集中大量高强度消极"碳流"，且分布很零散。在主城区，消极"碳流"主要集中在东部，这与整个杭州城市向东扩张的方向一致。同时期，主城区西部和余杭区的北部山区出现部分高强度积极"碳流"，前者与西溪湿地保护工程建设有关，后者与退耕还林等生态工程密切相关。

2010~2015年积极"碳流"非常微弱，主要是因为城市已经发展到一定水平，国土空间用地变化趋于稳定。这一时期，萧山区消极"碳流"水平首次达到最高，主要集中在萧山区东北部，这是因为大江东开发战略主导下，部分耕地及湿地转换为建设用地。同时大江东开发战略也带动了萧山区的基础设施建设，使得萧山区东北部和主城区连接的区域也分布了大量相对高强度"碳流"。该阶段积极"碳流"主要来自城镇其他建设用地→林地（U→F），林地保护日益受到重视，林地作为城市重要碳汇提高了城市碳代谢能力。

结合图 5-2 和表 5-2 发现，消极"碳流"主要源自耕地与工业用地之间的转换，占全部的 68.70%，这与主城区的工业搬迁到郊区密切相关。在城市土地置换和产业"退二进三"的过程中，城市的中心地区可能获得一定的生态效益，但工业搬迁到郊区，给郊区带来了严重的城市碳代谢失衡。政府需要考虑一些市场化的生态补偿方法比如碳汇、碳排放指标的交易，来保证城市土地置换战略和产业转移中的生态公平。

5.3.2 碳代谢过程的国土空间用地类型生态关系研究

杭州各个参与碳代谢的国土空间用地类型之间的生态关系主要表现为：掠夺限制、互惠共生和竞争关系。图 5-3（a）表示了互惠指数（M）在整个研究期的变化：1995~2005 年上升了 12.58%，2005~2010 年下降了 21.42%，2010~2015 年增加了 60%。整个研究期的 M 平均值为 0.63 小于 1，说明国土空间用地变化对城市碳代谢的综合作用是消极的。图 5-3（b）表示了研究期间三种主要类型生态关系比例的改变，总体来看竞争关系一直占主导地位，而互惠共生关系较少，甚至在 2005~2010 年期间不存在互惠共生关系。1995~2000 年，竞争关系占 66.67%，掠夺限制关系占 20%，互惠共生关系仅占 13.33%；2000~2005 年期间，竞争关系下降到 60%，而掠夺限制关系上升到 26.67%；2005~2010 年期间,仅存在竞争关系和掠夺限制关系,其中掠夺限制关系上升到40%;2010~2015年再次出现,虽然仅仅占了20%,但由于其替代了一部分竞争关系,使得竞争关系下降,对于整个系统效用增加起非常重要的作用。

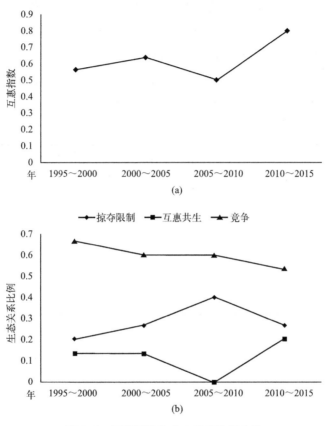

图5-3 互惠指数和生态关系比例变化

如表5-3和表5-4所示,竞争关系主要存在于高强度的"碳源"国土空间用地类型,其中工业用地、道路与交通用地占主导地位,分别占竞争关系的23.94%和22.53%,这说明在系统作用下,高强度的"碳源"国土空间用地类型与其他国土空间用地类型存在强烈的碳储量竞争,影响城市代谢系统平衡。由于道路交通用地和工业用地的布局会严重影响人口、产业等城市化发展的关键要素的流动,所以城市规划中工业用地和交通路网的合理配置非常重要。掠夺限制关系虽然没有明显集聚现象,但是可以发现城镇其他建设用地是非常重要的掠夺分室,这说明改变城市扩张方式、注重城市内涵式发展对提高城市碳代谢能力有重大意义。互惠共生关系主要存在于碳汇类型的国土空间用地类型，集聚在林地（占42.83%），而水域与湿地虽然也是碳汇却仅占21.42%。其中值得注意的是，虽然耕地和城镇其他建设用地都是碳源类型，但是也分别占互惠共生关系的21.42%和14.28%。这是因为系统有"1+1>2"的整体特性，虽然直接"碳流"不可能带来互惠共生关系，但是其他类型对耕地和城镇其他建设用地的掠夺量达到一定程度时，会使这两分室碳排放相对减少。

杭州生态关系变化表　　　　　　　　　　　　　表 5-3

掠夺　　限制　　竞争　　互惠

生态关系分布表　　　　　　　　　　　　　表 5-4

地类\生态关系	林地	耕地	水域与湿地	城镇其他建设用地	道路交通用地	工业用地
竞争关系	7	10	9	12	16	17
掠夺限制	7	7	8	6	4	3
互惠共生	6	3	3	2	0	0

因此，上述分析表明，竞争关系集聚在高强度的"碳源"国土空间用地类

型,其中工业用地始终占主导地位,竞争关系是导致代谢失常的主要原因,城市扩张过程中要合理控制工业用地的增量发展,提质提效存量工业用地,未来城市工业用地空间资源整合也是促进低碳城市建设的重要手段。

1995～2015年杭州碳代谢生态关系空间分布变化如图5-4所示。白色区间表示没有国土空间用地变化转移,1995～2000年到2000～2005年白色区间减少,2010～2015年以后白色区间逐渐增加,说明2010年以后杭州国土空间用地格局逐渐稳定,国土空间用地带来的"碳流"也减少,其生态关系分布也随之减少。

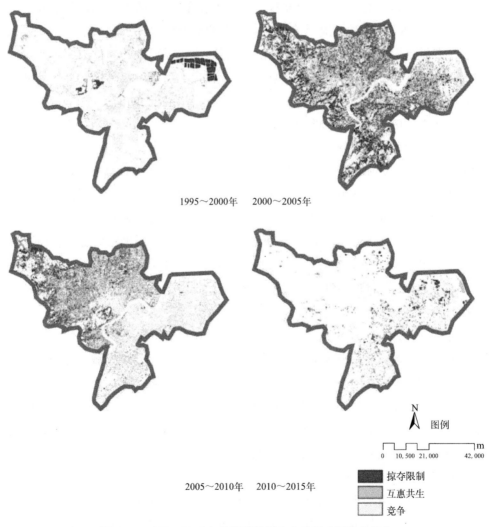

图 5-4 1995～2015年杭州碳代谢生态关系空间分布变化

1995～2000年，杭州生态关系以竞争关系为主，空间上主要分布在主城区东北部和北部、余杭的东部和萧山的西南部，这是因为竞争关系中耕地和工业用地、城市用地的转换面积最大。1996年下沙、九堡划入杭州市区，加快了主城区东部的基础设施建设和人口、产业的转移。萧山和余杭承受上海辐射，又靠近主城区，交通便利，是上海产业转移的入驻地的首选，且乡镇企业发展迅速但大多规模小，为了节约成本其在农村选址，侵占大量耕地。萧山东北部的掠夺竞争关系主要来自人为围垦使得大量滩涂被城市用地、耕地等代替，使得碳循环向负方向进行。互惠共生关系空间分布极少，仅在余杭西北部和东部山区零星分布。

2000～2005年，掠夺限制关系在空间上的分布明显大量增加，这主要是因为耕地与城市用地的空间转换。掠夺限制在各个区都有广泛分布，在余杭和萧山分布尤其多，这可归因于2001年萧山和余杭撤市并区，加快了这两个区域城市化速度。主城区的掠夺限制关系集中在西南部和东南部，萧山区的掠夺限制关系集中在东部、南部，余杭区的掠夺限制关系集中在西部。另外萧山区南部和余杭区西部的大面积掠夺限制关系主要存在于林地和耕地之间，主要是因为早期的耕地"占补平衡"更加偏重于数量平衡，补充耕地很大程度上来自林地，造成生态系统碳汇能力下降。竞争关系主要集中在主城区中部和萧山区的西部、东北部，主城区竞争关系的空间分布主要来自工业用地与城市用地的转换，萧山区则主要来自耕地与工业用地之间。萧山区西部近郊耕地相对比较平整，交通区位又便利，成为工业用地发展的首选。互惠共生关系在空间上零星分布于主城区西湖周边，这与西湖风景区的开发保护使得林地与城市用地和水域与湿地分室互相转换有关。

2005～2010年，竞争关系大量增加，再次在空间上占据主导地位，且主要分布在主城区东部、萧山区东北部和余杭区靠近主城区的南部区域，掠夺限制关系主要集中于余杭区的西部，此时期不存在互惠共生关系。空间上竞争关系主要来自耕地和工业用地之间，主要是周边较发达城市（如上海、苏州）产业升级，部分高能耗、高污染工业外迁至萧山区和余杭区这两个区域。耕地与林地之间的转换占掠夺限制关系空间分布的主导地位，由于"退耕还林""公益林"保护等多个政策的支持，余杭区西部山区碳汇得到极大保护。

2010～2015年，碳代谢基本趋于平稳，三种生态关系零星分布在主城区，掠夺限制关系主要分布在萧山区东北部和余杭区东部，其他两种生态关系没有明显集聚现象。一方面主城区城市扩张到一定程度，可以被侵占的自然资源也达到极限,另一方面在新型城镇化政策引导下,经济相对发达的主城区的城市发展开始从"量"提升到"质"的转变,注重城市纵向内涵式发展。

5.3.3 城市碳代谢生物体自我调节特征类比研究

本书构建了杭州三个组成部分(主城区、萧山区和余杭区)1995年、2000年、2005年、2010年、2015年的面板数据的数据集,分别以整体和分地类视角来研究碳排放与用地规模之间是否存在标度律。

面板数据是 N 个不同个体在 T 个时点关于变量 y 的值的二维数据,构建面板数据模型可以得到解释变量 x 对被解释变量 y 的影响回归估计。在确定模型的具体形式之前,首先需要检验数据的平稳性和协整性,这是模型进行回归估计的前提。平稳性检验和协整检验通过之后,需要对数据进行 Hausman 检验和 F 检验以确定模型的具体形式。Hausman 检验(表 5-7)主要用于确定解释变量对被解释变量的影响方式,分为随机影响和固定影响。F 检验(表 5-8)用来判定模型属于变系数、变截距或系数不变模型中的哪一种。

首先本书对这三个模型进行了平稳性检验,对这些指数都取对数使之更加平滑来消除异方差性。在面板数据分析中,面板协整检验的先决条件是相关变量的平稳属性,不然容易引起由非平稳序列引起的伪回归。Levin-Lin-Chu(LLU)检验是 Levin 提出的一种小组单位根测试,用于测试小组中常见单位根的零假设与替代时的平稳性。此外,LLU 检验更适合中小样本的单位根检验。由表 5-5 可知,模型 1、2、3 和 4 的变量都是平稳的。

面板协整检验来检验相关变量之间是否存在长期关系,这也是为了避免伪回归。本文应用了 Pedroni 的异构面板协整检验,该检验考虑了固定效应、异质斜率系数和个体特定确定性趋势的横截面相互依赖性。Pedroni 使用协整方程的回归残差建立 7 个统计量。其中对于小样本而言,the Panel ADF-Statistic 比其他统计量更准确。本书利用 Eviews 6 来得到这些统计量,其结果见表 5-6,结果表明 4 个模型均通过了协整检验,这说明 4 个模型的变量之间存在协整关系。

宏观尺度模型平稳性检验结果　　　　表 5-5

	模型 1	模型 2	模型 3	模型 4
Levin-Lin-Chu t* 统计量	−40.87***	−14.99***	−14.36***	−7.93***

宏观尺度模型协整检验各统计量结果 表 5-6

	Panel ADF-Statistic	Group ADF-Statistic
模型 1	−6.65***	−6.22***
模型 2	−8.11***	−7.62***
模型 3	−7.40***	−5.94***
模型 4	−1.72**	−1.35**

宏观尺度模型 Hausman 检验结果 表 5-7

	χ^2 Statistic	模型形式
模型 1	4.93**	固定效应模型
模型 2	4.48**	固定效应模型
模型 3	0.10	随机效应模型
模型 4	0.75	随机效应模型

宏观尺度模型 F 检验结果 表 5-8

F-Test	模型 1	模型 2	模型 3	模型 4
Hypothesis H_2	18.45>F(4,9)**	11.38>F(4,9)**	—	—
Hypothesis H_1	0.69<F(2,9)**	3.11<F(2,9)**	—	—
	变截距模型	变截距模型		

注：***在 1% 水平显著，**在 5% 水平显著，*在 10% 水平显著；H_2 为截距是可变的，系数是不变的；H_1 为截距和系数都是固定的。

宏观尺度生物体代谢类比回归系数 表 5-9

解释变量	模型 1	模型 2	模型 3	模型 4
LnLS	0.62***	0.38***	2.15***	0.88***
Constant	3.76***	3.09**	−29.30**	−8.99***
R-Squared	0.95	0.78	0.84	0.83
F-Statistic	74.56***	12.87***	66.20***	65.62***

注：LS 是 Land Size 的缩写，指用地规模；***在 1% 水平显著，**在 5% 水平显著，*在 10% 水平显著。

由表 5-9 可知，模型 1 的结果表明杭州市的碳排放强度与建设用地规模呈现次线性关系，这说明随着建设用地的扩张，所需增加的能耗带来的碳排放减少，这与生物体的代谢规律类似，表明随着生物体规模的增长变得更加有效率。这说明，土地城镇化水平高的区域比低的区域更加低碳，这是因为区域建设用地扩张过程中，产业和人口的集聚能带来规模经济效应，提高资源利用率。从不同国土空间用地类型来看，只有模型 3 的道路交通用地碳排放强度与该用地规模之间的关系表现出了超线性关系，其他两个模型均呈现碳排放强度与该类别用地规模之间的次线性关系，这说明道路交通用地规模的增长并没有使得该类型碳排放的增加量减少，反而更多，并未提高该类型的运行效率。模型 3 与其他模型的差异说明，在城市层面上将其看作是一个生物体并不是非常合适，应该将其看作是一些生物体的有机组合。这是因为城镇化是一个复杂的问题，其同时包括了生态发展、环境影响和社会发展等方面。不同类型建设用地的碳排放强度与用地规模之间的关系不同，这也说明差异化调控不同类型城市建设用地规模可以提高城市效率，促进城市减排。

5.4 微观尺度城市碳代谢生物体自我调节特征类比研究

本书以街道为研究单元，根据前文建立的回归模型，其中被解释变量为居民出行碳排放强度（TCD），解释变量为用地规模（UL）、相对杭州商业中心武林广场的距离（DA）。对变量数据取对数，利用最小二乘法（OLS）建立回归模型，经检验不存在多重共线性，并得到回归系数（表 5-10）和回归方程式（5-11）。

微观尺度生物体代谢类比回归系数　　　　表 5-10

变量	系数	P 值
Ln UL	1.07	***
Ln DA	−0.24	***
常数	19.68	***
R^2	0.57	
F-Statistic	28.96***	

注：*** 在 1% 水平显著，** 在 5% 水平显著，* 在 10% 水平显著。

$$LnTCD=1.07LnUL-0.25LnDA-19.69 \quad (5-11)$$

回归结果显示，居民出行碳排放强度与用地规模呈现近似线性关系，该结论与 Fragkias 等人对美国都市区的研究结果类似，说明城市区域规模的增加并未有效提高其运行效率，用地规模的增加促使出行碳排放强度的增加，这可能是因为不合理的用地结构使得其规模的增加进一步加剧了城市功能的空间不匹配性，产生了更多的交通需求，进而增加了出行碳排放强度。为了进一步研究两者之间的关系，继续增加控制变量人口密度，本书定义人口密度为单位面积上的人口数量，其中人口数据依旧使用第六次人口普查数据，与前文保持一致。很多研究表明人口密度是支持公共交通运行效率的重要指标，人口密度的提高一定程度上会增加居民选择公共交通出行的概率，所以人口密度会影响居民出行的碳排放，而更高的人口密度也往往带来更高的就业密度，一定程度上可以提高国土空间用地的混合利用度，从而影响交通出行活动的强度。因此，本书以居民出行碳排放强度（TCD）为被解释变量，以用地规模（UL）、人口密度（UP）、相对杭州商业中心武林广场的距离（DA）为解释变量，再次利用最小二乘法（OLS）建立回归模型，得到以下回归系数（表5-11）和回归方程式（5-12）。

微观尺度生物体代谢类比回归系数（新） 表5-11

变量	系数	P 值
Ln UL	0.41	***
Ln UP	−0.76	***
Ln DA	−0.26	***
常数	−13.71	***
R^2	0.81	
F-Statistic	60.57	***

注：***在1%水平显著，**在5%水平显著，*在10%水平显著。

$$LnTCD = 0.41LnUL - 0.76LnUP + 0.26LnDA - 13.71 \quad (5-12)$$

可见，增加人口密度控制变量以后，回归模型的 R^2 从0.57提高到0.81，表明该变量的增加提高了模型的解释能力。同时用地规模的系数减小到0.41，用地规模与居民出行碳排放强度的关系变为次线性关系，不再是前文的近似线性关系。人口密度的增加能减少出行碳排放强度，人口密度增加1%能减少0.76%的出行碳排放强度，这说明出行碳排放随着人口密度增加而下降。就出行碳排放而言，提高人口密度可以抵消部分用地规模扩张所引起的碳排放增加。这是因为人口密度影响城市居民的流动性，一定的人口密度才能支持公共交通运行。另外，较高的人口密度加上较高的就业密度能够减少居民机动车出行方式，也使混合国土空间用地成为可能，混合国土空间用地又对非机动车运输至关重要。对比用地规模和人口密度的系数发现，当两者同步增长时，人口密度增长的减排效应能得到良好体现。但是当人口城镇化速度远远低于土地城镇化速度时，人口城镇化带来的减排效应会被土地城镇化的增排效果所抵消。然而，目前我国人口城镇化仍滞后于土地城镇化，其主要原因是地方政府对土地财政的依赖和户籍管制。由于缺乏良好的公共服务体系，我国政府政策导向的土地城镇化可能导致城市地区交通运行效率低下（Bai等，2018）。因此，促进人口城镇化与土地城镇化的协调发展也是低碳城市建设的重点所在。

5.5 本章主要结论

本章通过构建"碳流"模型跟踪了宏观尺度城市国土空间用地变化过程中的碳元素流转过程，利用生态网络效应分析方法综合评价了国土空间用地变化对城市碳代谢系统的综合作用。同时基于 Kleiber 生物新陈代谢定律，利用面板数据模型、多元线性回归模型中增加控制变量等方法，在宏观、微观尺度进行了城市碳代谢系统自我调节特征类比研究。

（1）宏观尺度的国土空间用地变化引起的"碳流"追踪研究表明，城市净"碳流"在四个研究期间一直保持负值，这说明积极"碳流"一直远远小于消极"碳流"，城市国土空间用地变化总体上是加剧了城市碳代谢不平衡。消极"碳流"主要来自耕地→工业用地（C→I），而积极"碳流"主要来自工业用地→城镇其他建设用地（I→U）。互惠指数（M）在整个研究期的变化如下：1995～2005 年上升了 12.58%，2005～2010 年下降了 21.42%，2010～2015 年增加了 60%。整个研究期的 M 平均值为 0.63 小于 1，说明国土空间用地变化对城市碳代谢的综合作用是消极的。生态网络效应分析结果显示互惠共生关系主要集聚在高强度碳汇国土空间用地类型中，竞争关系集聚在高强度的"碳源"国土空间用地类型，其中工业用地、道路交通用地占主导地位，掠夺限制关系没有明显集聚现象，其中城镇其他建设用地是重要的掠夺类型，一般掠夺以耕地为主。

（2）宏观尺度的生物体自我调节特征类比研究结果表明，杭州总碳排放强度与建设用地总规模符合 Kleiber 定律，这说明城市内部土地城镇化较高区域相对更加低碳。但道路交通用地碳排放强度与该类型用地规模的关系不符合 Kleiber 定律，并呈现超线性关系，可见道路交通用地规模更大的区域相对于规模小的产生更多的该类型碳排放，这说明城镇化是一个复杂的问题，将其看作是一个生物体并不是非常合适，应该将其看作是一些生物体的有机组合。

（3）微观尺度的 Kleiber 定律验证研究发现，居民出行碳排放强度与用地规模呈现近似线性关系，并不符合生物体代谢规律。当增加人口密度这个变量后，居民出行碳排放强度与用地规模关系才符合 Kleiber 定律。出行碳排放随着人口密度增加而下降，人口密度增加带来减排优势的同时，削减了用地规模扩张的增排效应。回归模型结果显示，当土地城镇化与人口城镇化同步增长时，人口密度增长的减排效应能得到良好体现。但是当人口城镇化速度远远低于土地城镇化速度时，人口城镇化带来的减排效应会被土地城镇化的增排效果所抵消。

6 多尺度城市形态与碳排放关系研究

6.1 宏观尺度城市形态与碳排放关系研究
6.2 微观尺度城市形态与居民出行碳排放关系研究
6.3 本章主要结论

6.1 宏观尺度城市形态与碳排放关系研究

6.1.1 宏观城市形态量化

城市形态会影响城市的经济功能和效率，同时给城市环境带来社会影响，进而影响城市空间设计和土地用途控制。本书选择了5个指标来描述城市形态：最大斑块指数（LPI）、周长面积比指数（PARA_MN）、斑块内聚指数（COHESION，以下简称COH）、道路耦合系数（CF）、建设用地斑块面积（CA）。这些指标可由景观分析软件Fragstats 4.0得到，其具体计算公式见表6-1：其中斑块内聚指数（COH）描述了建设用地斑块的物理空间连续性，COH会随着建设用地斑块更加聚集而增大；周长面积比分布（PARA_MN）描述了建设用地形状的复杂程度，PARA_MN会随着城市形态变得更加不规则而增大；最大斑块指数（LPI）量化了最大斑块占总的建设用地面积的百分比，LPI描述了城市发展模式是否是单核的，因为最大的城市区域可以反映城市核心区域的动态。

景观指数计算公式　　　　　　　　　　　　　　　　表 6-1

空间形态指数	公式	描述
建设用地斑块面积（CA）	$CA = \sum_{j=1}^{n} a_j$	a_j = 第 j 个建设用地斑块面积
斑块内聚指数（COH）	$COH = \left(1 - \dfrac{\sum_{j=1}^{n} 1}{\sum_{j=1}^{n} l_j \sqrt{a_j}}\right) \left(1 - \dfrac{1}{\sqrt{SUM}}\right)^{-1} (100)$	l_j = 第 j 个建设用地斑块的周长 a_j = 第 j 个建设用地斑块面积 SUM = 建设用地内斑块总数
周长面积比指数（PARA_MN）	$PARA\_MN = \dfrac{\sum_{j=1}^{n}\left(\dfrac{l_j}{a_j}\right)}{n}$	l_j = 第 j 个建设用地斑块的周长 a_j = 第 j 个建设用地斑块面积
道路与建设用地耦合程度（CF）	$CF = \dfrac{S_{buffer}}{S_{urban}}$	S_{buffer} = 道路的缓冲区面积 缓冲距离 = 500m S_{urban} = 建设用地面积
最大斑块指数（LPI）	$LPI = \dfrac{max\, a_j}{AREA}(100)$	a_j = 第 j 个建设用地斑块面积 $AREA$ = 建设用地总面积

本书利用道路耦合系数（CF）来描述城市道路分布与城市形态的耦合程度，

定义道路耦合系数（CF）为道路面积的缓冲区所占城镇面积的比例（S_{buffer}/S_{urban}），其中设置缓冲距离为500m，越高的CF代表更耦合的城市形态与道路分布的关系。

图6-1表示了1995～2015年期间萧山、余杭和主城区的城市形态的变化。研究期间三个区域的建设用地的PARA_MN呈现下降趋势，其中1995年萧山的PARA_MN最大，2015年余杭区的PARA_MN最高，主城区的PARA_MN一直处于三者中最低的状态。这说明三个区域的建设用地形状随着城市扩张而变得更加规则。三个区的COH一直在增加，这说明三个区的建设用地形态都变得更加集聚，其中余杭和萧山的增加幅度远远大于主城区，到2015年三个区的建设用地聚合程度非常接近。三个区的LPI也是呈现持续增加趋势，其中主城

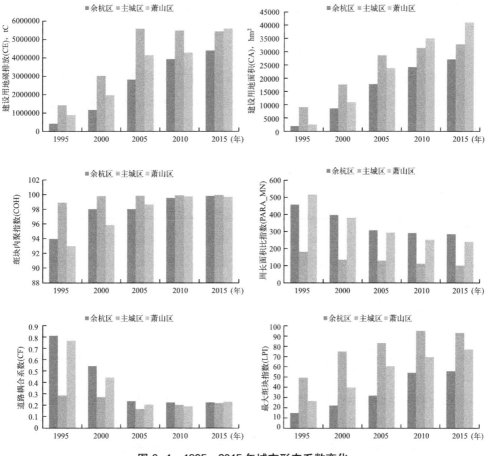

图6-1　1995～2015年城市形态系数变化

区的 LPI 一直是远远高于另外两个区,说明主城区在城市扩张过程中一直保持了高度的单核发展模型。主城区的 CF 相较于另外两个区一直比较低,且三个区的 CF 一直处于下降状态,特别是余杭和萧山,下降了近一半。这说明杭州城市扩张过程中,道路交通布局和城市扩张协调耦合水平比较低,而主城区的道路交通布局与城市扩张形态的协调程度相对较低。

6.1.2 面板模型构建与结果分析

本书建立以下 3 个面板模型,其中 CE 是建设用地碳排放(Carbon Emissions)的简称。它们分别是:(1)模型 1:建设用地碳排放(CE),建设用地面积(CA),斑块内聚指数(COH);(2)模型 2:建设用地碳排放(CE),周长面积比指数(PARA_MN),道路耦合系数(CF);(3)模型 3:建设用地碳排放(CE),最大斑块指数(LPI),周长面积比指数(PARA_MN)。其中 CE 是被解释变量,其他均为解释变量。

本书首先对这三个模型进行了平稳性检验,这些指数都被取了对数使之更加平滑来消除异方差性。在本文中,依旧使用 LLU 面板单元根测试来确定变量在哪一阶是平稳的,其结果见表 6-2。表 6-2 表明所有变量都是一阶平稳的,因此本书再进行面板协整检验。

面板平稳性检验结果　　　　　　　　　　　　　　　表 6-2

变量	统计量
LnCE	-15.35^{***}
LnCA	-38.22^{***}
LnCOH	-20.36^{***}
LnPARA_MN	-6.56^{***}
LnCF	-3.15^{***}
LnLPI	-7.13^{***}

注:*** 在 1% 水平显著,** 在 5% 水平显著,* 在 10% 水平显著。

面板协整检验来检验相关变量(CE 与其他城市形态指数)之间是否存在长期关系,这也是为了避免伪回归。本文应用了 Pedroni 的异构面板协整检验,利用 Eviews 6 来得到这些统计量,其结果见表 6-3,ADF Statistics 的显著性说明模型 1、2、3 中 CE 与其他变量的长期协整关系。

协整系数表　　　　　　　　　　　　　　　　　　　　表 6-3

	Panel-v	Panel-rho	Panel-PP	Panel-ADF	Group-rho	Group-PP	Group-ADF
模型 1	−0.25	1.25	−8.45***	−5.28**	1.93*	−6.56***	−4.51***
模型 2	−0.44	1.45	−2.34**	−2.17**	2.06**	−2.24**	−2.10**
模型 3	−1.67*	1.44	−3.93***	−3.33***	2.13**	−5.37***	−3.15**

注：*** 在 1% 水平显著，** 在 5% 水平显著，* 在 10% 水平显著。

另外，F 检验和 H 检验结果见表 6-4 和表 6-5，其结果表明三个模型都是固定效应变截距模式。

模型 1～3 的 F 检验结果　　　　　　　　　　　表 6-4

F 检验	模型 1	模型 2	模型 3
假设 H_2	$F(6,6)^{**} < 8.73$	$F(6,6)^{***} < 5.29$	$F(6,6)^{**} < 6.34$
假设 H_1	$F(4,6)^{**} > 3.47$	$F(4,6)^{***} > 1.56$	$F(4,6)^{**} > 2.34$

注：*** 在 1% 水平显著，** 在 5% 水平显著，* 在 10% 水平显著。

模型 1～3 的 Hausman 检验结果　　　　　　　　表 6-5

	χ^2 Statistic	模型形式
模型 1	19.38***	固定效应模型
模型 2	20.89***	固定效应模型
模型 3	18.69***	固定效应模型

注：*** 在 1% 水平显著，** 在 5% 水平显著，* 在 10% 水平显著。

表 6-6 是面板回归的系数结果。模型 1 主要是为了探究城市扩张和建设用地斑块集聚程度对于城市碳排放的影响，其结果表明城市扩张引起碳排放的增加，而建设用地斑块集聚程度越高碳排放越小。这说明连续且集聚度较高的城市扩张模式可以促进减排。一方面紧凑的扩张模式有利于经济活动集聚从而带来规模经济、成本节约、专业化分工等，另一方面连续紧凑型城市提高了城市内部和外部的联系，缩短了通勤距离，在一定程度上可以减少出行距离与小汽车依赖，有助于降低交通来源的碳排放。模型 2 主要是研究建设用地斑块形状、城市交通道路耦合程度与碳排放之间的关系。结果表明 LnPARA_MN 与碳排放呈现负面关系，即一个区级尺度更加规则的城市形态会增加碳排放。LnCF 增加也促进碳排放的减少，这说明城市道路网缓冲区比例越高，碳排放越低。较高的城市道路网缓冲区比例代表较高的道路布局与城市扩张形态耦合程度。道路基础设施的建设通常推动城市空间以蛙跳式蔓延，形成远离市区的郊区制造业带。良好的城市道路布局与城市扩张形态耦合程度，有助于提高城市可达性，有利于工业经济活动

的聚集,并提高这些区域的经济活动密度,进一步有利于城市减排。模型 3 说明 LnLPI 的增加会导致碳排放的增加,这说明一个单核的城市扩张模式会增加碳排放。单核的城市扩张模式会对核心区以外区县产生空间剥夺,核心区经济活跃,产业发展水平高,有更多的就业、较高的工资和较强的吸引力,一定程度上会增加拥堵。拥堵是交通碳排放持续增长的重要原因。可见,一个多核共同发展的城市形态有利于控制城市碳排放。

模型 1~3 的回归系数表　　　　　　表 6-6

参数	模型 1	模型 2	模型 3
LnCA	1.21***		
LnCOH	−17.76***		
LnPARA_MN		−1.83***	−1.17**
LnCF		−0.58**	
LnLPI			1.05***
Constant	84.77***	24.32***	17.29***
R-Squared	0.99	0.94	0.96
F-Statistic	176.79***	40.58***	61.31***

注:***在 1%水平显著,**在 5%水平显著,*在 10%水平显著。

本书发现以上某些结论(比如一个区级尺度更加规则的城市形态会增加碳排放)与一些学者的研究结果并不完全相同。这是因为工业用地碳排放始终在杭州三个区级的碳排放总量构成中占主导地位,而我国绝大多数城市扩张的初期都以工业扩张和工业园区的建立为主,工业园区的规划形状一般比较规则,一定程度上使得区级尺度的建设用地形态变得更加规则。而这种规则形态对于城市减排并没有起到任何作用,同时还因工业用地数量的剧增进一步促进了城市碳排放的增加。目前很多类似研究都停留在市级尺度上,很少有研究涉及区级尺度,而以杭州为例,余杭区和萧山区有一定基层规划能力,有各自的分区国土空间用地总体规划,这种区级尺度的城市国土空间用地形态与碳排放的关系研究对于基层政府的低碳城市建设更具有实际指导意义。

6.2　微观尺度城市形态与居民出行碳排放关系研究

6.2.1　微观尺度城市形态指标表征

微观尺度的城市形态往往从密度、多样性、设计、可达性和公交便利程度五个方面影响城市交通能耗,这些指标可以作为减排的情景模拟参考。由于我国长期缺乏城市形态基础数据且人工调研录入成本比较高,本书利用现有的基于遥感解译和多源数据结合的 2015 年国土空间用地分类数据,从密度、多样性和道路特征三个方面来描述微观街道层面的城市形态。其中密度从居住密度和就业密度来进行描述,多样性从用地混合度和职住分离度来描述,道路特征方面考虑路网密度、路网连接度和道路面积率指标,这也是道路网规划的重要指标。各个指标具体描述见表 6-7。

街道层面城市形态指数 表 6-7

特性	指标	缩写	来源
密度	居住密度	RD	链家网站
	就业密度	ED	杭州统计年鉴的分行业就业人口,结合 POI 兴趣点的企业分类进行估算
多样性	用地混合度	LD	香农均度指数
	职住分离度	BD	百度地图建筑轮廓
道路特征	路网密度	TRD	道路的总长度与区域总面积之比
	道路面积率	TAE	道路用地面积与该区域建成区面积之比
	路网连接度	Tconnect	空间句法

其中居住密度从链家网站爬取研究区范围内每个住宅小区的信息,包括住宅小区的坐标位置、范围和总户数,利用 ArcGIS 空间化住宅小区信息,得到街道范围内的居住密度(户数/m^2);就业密度利用 2015 年杭州统计年鉴的分行业就业人口,结合 POI 兴趣点的企业分类进行估算,得到街道范围内的就业密度(人/hm^2);职住分离度本应利用就业密度与居住密度的比例,考虑到本书的上述居住密度与就业密度来源、单位不同可能造成一定的差异,为了解决这个问题,本书利用百度地图后台爬取的建筑轮廓数据中的楼层信息得到容积率,将非住宅小区平均容积率与住宅小区平均容积率之比作为职住比,以职住比与 1 的相对差值作为职住分离度指标,指标越大说明越不平衡。

本书利用空间句法来计算道路特征的路网连接度。空间句法关注的是空间的通达性和关联性,这里的空间,并不是非空间目标间的实际距离,而是自由空间。如果把一条道路看作是一个狭长的空间,那么可以利用空间句法研究城市交通网络。空间分割有三种方法:轴线法、凸多边形法和视区分割法。考虑到杭州路网的现实分布情况，本书采取轴线法进行自由分割。轴线法按照各个空间之间是否直接相交将这些空间连接起来并标号。一般利用空间句法描述的路网空间形态的变量有4个：连接值（Connectivity Value）、控制值（Control Value）、深度值（Depth Value）和集成度（Integration Value）。本书选择连接值来描述一定区域内的路网与其他路网的联系的紧密程度，连接值越高，说明它与其他空间的关系越密切，那么该条道路在城市交通路网中的地位也就越高，很有可能是交通干道，容易集中大量的交通流量。

6.2.2 基于多项式回归模型的城市形态与居民出行碳排放关系研究

本书将街道尺度居民出行碳排放强度（单位建设用地碳排放）与各个城市形态指标进行了一次项、二次项和三次项的检验，以此来判断城市形态与街道尺度居民出行碳排放强度之间是否存在一次线性关系或二次、三次的曲线关系（表6-8）。

城市形态与居民出行碳排放强度的回归系数　　　　表6-8

指标		常数	X	X^2	X^3	R^2	是否显著
居住密度 （RD）	一次	−0.04	12.07***			0.57	不显著
	二次	−0.21	23.42	−142.28***		0.62	显著
	三次	−0.22	24.93	−190.65	358.44	0.62	不显著
就业密度 （ED）	一次	0.13***	0.13***			0.41	显著
	二次	0.04	0.28***	−0.03***		0.52	不显著
	三次	0.016	0.35	−0.07	0.004	0.53	不显著
路网密度 （TRD）	一次	−0.12***	17.46***			0.56	显著
	二次	−0.26	29.12	198.91		0.57	不显著
	三次	−0.41	49.41	−992.42	9396.61	0.61	不显著
道路面积率 （TAE）	一次	0.60***	−2.26***			0.59	显著
	二次	0.68***	−3.91	5.54		0.63	不显著
	三次	0.66	−3.20	0.06	11.62	0.63	不显著
路网连接度 （Tconnect）	一次	−0.52***	0.23***			0.71	显著
	二次	−0.52***	0.24	−0.0006		0.71	不显著
	三次	1.73**	−1.71***	0.52***	−2.81	0.71	不显著

续表

指标		常数	X	X^2	X^3	R^2	是否显著
用地混合度（LD）	一次	1.95	−2.56***			0.65	显著
	二次	4.27***	−9.73**	5.49		0.67	不显著
	三次	7.10	−23.01	26.06	−10.52	0.67	不显著
职住分离度（BD）	一次	0.61***	1.11***			0.53	显著
	二次	0.12	−0.55	2.05		0.60	不显著
	三次	0.18	−1.19	3.88	−46.10	0.60	不显著

由表6-8可见，提高道路面积率和用地混合度，降低职住分离度能促进低碳出行。这三个因素的回归系数对比可知，用地混合度调整对出行减排作用较强。用地混合度低的区域用地功能比较单一，容易产生"巨型居住社区"，导致城市中大量的"钟摆"交通与长距离通勤，进而增加了交通的能源消耗。城市密度的增加并不能促进出行减排，其中居住密度（RD）与出行碳排放强度呈现倒U形关系，就业密度（ED）提高会促进碳排放增长。虽然一些美国学者强调了城市密度这个要素在低碳城市建设中的重要作用，但是就多项式回归结果来看，对于杭州来说，提高城市密度并不能实现低碳出行。这种差异是因为我国东南沿海发达城市的市区密度已经远高于美国的大部分城市。城市密度主要通过汽车拥有量和汽车行驶距离影响燃料消耗：高密度城市结构容易导致拥堵，"走走停停"的驾驶模式会增加每公里行驶的燃油消耗和排放量。另外，由表6-8可见，提高路网密度（RD）反而会促进出行碳排放增加。虽然提高路网密度可以提高通行能力，但是会影响居民出行方式的选择，有研究表明路网密度的增加很有可能会增加居民对汽车出行的依赖。

在城市可持续发展概念普及之前，在一些发展中国家，国土空间用地规划和交通规划往往独立进行，很多政策决策者都忽略了两者之间的联系。以上结果表明，城市形态和出行碳排放之间存在着强烈的相互关系，国土空间用地规划和交通规划的有机整合有助于低碳城市发展。

6.2.3 居民出行碳排放空间自相关研究

为了检验空间因素是否会对出行碳排放产生影响，本小节利用空间自相关模型进行检验。利用Geoda空间分析软件对居民出行碳排放强度（单位建设用地碳排放）进行了空间自相关分析，即通过空间关联程度的计算，分析出行碳排放强度在空间上集聚、分散或随机分布的特性。

空间自相关有全局空间自相关指数和局部空间自相关指数，前者主要有 Moran's I、Geary's C、General G 等指标系数，后者主要有 Local Moran、局部 Geary's C 法以及 Getis and Ord G 法。本书采用全局空间自相关 Moran's I 法分析碳排放强度总体的空间关联和空间差异程度，采用局部空间自相关的 LISA 来表现碳排放强度的局部空间集聚规律。

全局空间自相关系数 Moran's I 为 0.695。这说明出行碳排放强度存在较为显著的空间正相关特性。居民出行碳排放强度存在明显的空间依赖性，一方面，各街道相对于 CBD 的距离影响其过境的排放，另一方面，市场力量对城市居住区空间有着强烈作用，相似社会经济属性的家庭会选择相似建成环境的街道。社会经济属性，比如收入，是影响居民出行方式选择的重要因素。

6.2.4 基于 GWR 模型的城市形态与居民出行碳排放关系研究

考虑到空间效应对居民出行碳排放的各种驱动因素的影响，本书利用地理加权回归（Geographically Weighted Regression，GWR）来反映各个城市形态指数对居民出行碳排放的影响在空间上的分异，使回归结果更加客观可信。进行地理加权回归模型的前提是数据具有空间自相关性和分异性。前文已表明居民出行碳排放强度有强烈的空间依赖性。各个街道的居民出行碳排放强度的空间分布并不是完全随机分布，而是表现出显著的空间聚集，这说明需要引入空间差异性和空间依赖性对经典的回归线性模型进行修正。本书通过观测点（街道）使用加权最小二乘法对参数向量进行估计，参数估计的每个集合是基于邻近观察值的子样本的距离加权，采用高斯函数构建加权函，并使用信息准则（AIC）法与核密度估计求得带宽，然后进行地理加权回归。

在采用 GWR 模型运算之前，需要避免因子之间的多重共线性问题，应用逐步回归方法消除影响因子之间的线性相关性，经过多次调整，选择自变量为用地混合度、路网密度、道路面积率和路网连接度，其中全局变量为路网密度和路网连接度，局部变量为用地混合度和道路面积率。最后得到模型的回归方程诊断指标见表 6-9。表 6-9 里的 F 统计量大于 5‰置信区间下的临界值 3.2，说明了模型整体显著性比较高，可以接受。全局变量路网密度和路网连接度的回归系数分别为 19.92 和 0.28，均通过 T 检验，图 6-2 是 GWR 的局部变量运算结果。

回归方程诊断指标　　　　　　　　　　　　　　　　　　　表 6-9

诊断指标	系数
R^2	0.81
调整的 R^2	0.78
F 统计量	5.12
P 值	<0.05
AIC 值	214.82

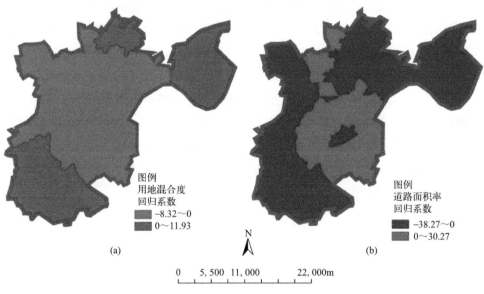

图 6-2　GWR 模型局部变量回归系数变化

由图 6-2 可知，用地混合度和道路面积率对街道单元出行碳排放强度的影响作用存在明显的空间差异性：除了少量分布在主城区西南部和东北部外围的街道，绝大多数街道用地混合度的提高可以促进减排；除了主城区东南部和西北部的部分街道，其他街道道路面积率提高可以有效减排。同时，对比图 6-2（a）和图 6-2（b）发现，提高用地混合度和道路面积率能同时具有减排效果的街道很少，这说明合理配置交通基础设施和用地资源来建设低碳城市，要充分考虑空间差异性，不能在全域盲目推行同种调整政策。

6.3 本章主要结论

本章利用多种计量模型分别在宏观、微观尺度研究了城市形态与碳排放之间的关系，计量模型包括面板回归模型、多项式回归模型和地理加权回归（GWR）模型。宏观尺度从城市国土空间用地景观格局、道路布局与城市形态耦合程度两个方面来描述城市形态；微观尺度结合多源数据从密度、多样性和道路特征三个方面描述了街道层面的城市形态。本章旨在为下文情景模拟提供方法基础与模拟依据。实证得到以下结论：

（1）宏观尺度：面板回归模型结果显示，城市建设用地斑块面积增加引起碳排放的增加，但增加建设用地斑块的集聚程度有助于减少城市碳排放。城市道路布局与城市扩张形态耦合程度越高，碳排放越低。建设用地最大斑块指数增加会导致碳排放的增加，这说明单核的城市扩张模式不利于减排。

（2）微观尺度：多项式回归模型结果表明提高道路面积率和用地混合度，降低职住分离度能促进低碳出行，但提高城市密度与路网密度难以实现交通减排。地理加权回归模型发现城市用地混合度和道路面积率对出行碳排放的影响具有空间非平稳性，着重提高主城区内环街道的用地混合度、主城区西南部、西北部和东北部街道的道路面积率，可以有效促进出行减排。

7 多尺度"减排"情景模拟

7.1 城市建设用地扩张情景模拟
7.2 宏观尺度城市用地结构调整的"减排"情景模拟
7.3 微观尺度城市形态优化的"减排"情景模拟
7.4 本章主要结论

7.1 城市建设用地扩张情景模拟

7.1.1 Markov 模型与 FLUS 模型

马尔科夫（Markov）模型是一种空间状态转到另一种状态的随机转换过程。系统由状态 i 到状态 j 的转移概率只与时间长短有关，与起始时间点无关。前人在利用 Markov 模型进行用地规模情景预测时，一般设定国土空间用地转换的转移率改动 10%~50%，可以完全阻止某一国土空间用地类型向另一个转变。

FLUS 模型基于 GeoSOS 软件开发，主要结合人工神经网络（ANN）算法、自适应惯性与竞争机制对传统 CA 模型进行了改进，更加适用于多地类情景模拟。FLUS 模型主要包括两个方面：人工神经网络（ANN）和自适应惯性竞争元胞自动机。人工神经网络（ANN）是通过训练样本来估计每个单元网格上的每种国土空间用地类型的可能性，而自适应惯性与竞争机制是用来处理国土空间用地类型之间的相互作用。种子机制是 FLUS 模型对元胞自动机（CA）的一种重要改进，主要是通过适宜性概率选择位于规划开发区域中的非城市单元，选择适宜性概率大于 [0，1] 内的随机值在元胞中种植种子，克服了传统 CA 模型对蛙跳式增长（飞地）的忽略。

本书结合杭州市 2005 年、2015 年的国土空间用地转移概率矩阵与经验分析，通过多次模型调试来改变对应地类转移概率，结合初始状态矩阵与国土空间用地多步转移矩阵，进一步计算不同情景下的国土空间用地规模，作为后续研究，即未来用地模拟（FLUS）模型中用地规模的输入。

7.1.2 杭州市 2035 年城市扩张模拟

本书设置两种情景来模拟 2035 年杭州市城市扩张情况，这两种情景分别为基准情景、"创新天堂"情景，并利用 GeoSOS-FLUS 软件实现 FLUS 模型的国土空间用地格局的模拟。

基准情景根据 2005 年、2015 年两期的国土空间用地变化情况，采取原始国土空间用地转移矩阵预测得到的国土空间用地规模，即 2035 年 1395km^2，增量 357km^2。其中驱动因子选择包括社会经济因子部分的人口变动；地形地貌因子中的高程、坡度和到河流水系的距离；交通因子中的路网密度；同时本书考虑规划中的生态保护红线内区域与永久基本农田保护区为禁止建设区。

"创新天堂"情景这个概念来自于2017年《杭州市总体城市设计修编（草案）》所提出的"风雅钱塘，诗画江南，创新天堂"的杭州未来城市定位。"创新天堂"情景是一种创新产业发展视角，该情景下耕地保护比较严格，建设用地优先布局创新创业类产业。因此，本书提取创新企业与规划产业平台等作为创新产业驱动因子加入模型，作为对传统FLUS模型的改进。根据《杭州市智能制造产业发展"十三五"规划》与《杭州城东智造大走廊发展规划纲要》，提取相关的规划制造业创新中心与主要产业平台，通过ArcGIS空间计算研究区栅格至规划创新中心与主要产业平台距离图层，作为创新产业发展视角下的驱动因子输入。利用欧式距离计算工具计算每个栅格至创新中心与主要产业平台的距离，得到杭州创新中心与主要产业平台驱动因子，其中，距离规划创新中心与主要产业平台越近，得分越高。

基于神经网络的适宜性概率，设定随机采样模式和神经网络训练的采样比例为百分之二，得到基于神经网络的适宜性概率图层，同时利用自适应惯性机制的元胞自动机模型，设定建设用地不能转换为水域与湿地的约束条件，并通过多次调试，设置邻域因子参数，其越接近1代表该土地类型的扩张能力越强。林地设为0.1，耕地设为0.3，水体设为0.2，建设用地设为1。本书利用2015年国土空间用地规模为输入用地数量，模拟2015年的国土空间用地空间分布图，将模拟结果与2015年的真实情况进行对比，并计算其Kappa指数为0.845。说明模拟结果一致性较高，模拟效果较好。

基于杭州市2005年、2015年两期国土空间用地数据，得到以下国土空间用地转移矩阵（表7-1），其中城镇其他建设用地、工业用地、道路交通用地被合并为建设用地一个类别。表7-1说明耕地向建设用地转移最多，占全部向建设用地转移的70.49%，而林地向建设用地转移最少，这说明耕地是建设用地的主要来源。另外研究发现水域与湿地向耕地转移占全部向耕地转移的68.52%，这可能

杭州市2005~2015年各国土空间用地类型转移矩阵（单位：km^2）　　表7-1

2005年	2015年			
	林地	耕地	水域与湿地	建设用地
林地		46.3	11.0	63.5
耕地	59.8		73.9	351.9
水域与湿地	10.1	100.8		84.5
建设用地	21.3	60.3	27.1	

与杭州部分湿地被复垦有关。同时得到的转移概率矩阵（表 7-2）表明研究期间耕地、水域与湿地比较容易向其他地类进行转换。

转移概率矩阵 表 7-2

2005 年	2015 年			
	林地	耕地	水域与湿地	建设用地
林地	0.8447	0.0595	0.0141	0.0816
耕地	0.0506	0.5894	0.0625	0.2975
水域与湿地	0.0220	0.2186	0.5761	0.1833
建设用地	0.0330	0.0932	0.0418	0.8319

结合表 7-1 和表 7-2 预测两种情景下 2035 年国土空间用地规模，其中基准情景按照 2005~2015 年历史惯性变化，"创新天堂"情景考虑更为严格的耕地保护政策，设置耕地转为建设用地的比例下降 15%。那么可以得到两种情景下 2035 年国土空间用地规模，如表 7-3 所示。

两种情景下 2035 年国土空间用地规模（单位：km^2） 表 7-3

国土空间用地类型	林地	耕地	水域与湿地	建设用地
基准情景	696	678	299	1533
"创新天堂"情景	768	816	371	1251

7.2 宏观尺度城市用地结构调整的"减排"情景模拟

7.2.1 情景条件设置

城市不同建设用地类型碳排放密度（单位面积碳排放）差异很大，用地结构调整会通过影响城市经济活动类型与强度进而影响城市碳排放。为了进一步掌握城市国土空间用地结构调整所具有的减排潜力，本书进一步细分建设用地类型，利用杭州市规划和自然资源局提供的 2010 年、2015 年城市居住用地矢量数据来丰富数据内容，将遥感解译结果的城镇其他建设用地细分为居住用地与其他建设用地。因此建设用地可细分为居住用地（X1）、工业用地（X2）、道路交通用地（X3）、其他建设用地（X4）。

基于前文模拟的基准、"创新天堂"情景下的城市建设用地总规模，本书采用多因子组合方法设置不同的情景，来模拟 2035 年的城市总体碳排放，其中因子包括城市扩张控制程度、减排措施实施程度和是否采用低碳国土空间用地方案。城市扩张控制程度主要通过不同建设用地总体规模来体现,由前文设定的基准和"创新天堂"两种情景可得:惯性增长下2035年杭州建设用地达到1533km², 严格保护耕地且优先发展创新产业情景下2035年建设用地达到1251km²。减排措施实施程度可以由各地类碳排放密度(单位面积碳排放)来体现:惯性情景下其按历史趋势变化,减排情景下考虑技术进步、绿色出行等减排措施的实施,其密度增长得到控制。是否采用低碳国土空间用地方案通过用地结构是否基于最小碳排放原则来体现:未采用低碳国土空间用地方案时,工业用地与道路交通用地按照惯性自然增长,居住用地占比按《城市用地分类与规划建设用地标准》GB 50137—2011的最低标准25%来设置;低碳国土空间用地方案基于最小碳排放原则,优化使用线性规划模型,主要包括建立目标函数和建立约束条件两大步骤,约束条件取决于杭州国土空间、人口、经济和社会发展等相关规划,并借助于LINGO软件来实现。

本书设置了两类碳排放密度的情景:惯性和减排。惯性情景下居住用地、工业用地、道路交通用地、其他建设用地四类用地的碳排放密度按照近期(2010~2015年)趋势变化:居住用地、道路交通用地和其他建设用地的碳排放密度年均增长率分别为2.79%、11.70%和9.01%;工业用地碳排放密度呈下降趋势,年均下降率为2.91%。考虑到随着城市化发展,碳密度变化会趋于稳定,本书设定2015~2025年期间按照惯性发展,2025~2035年期间变化率为前10年的一半。减排情景下,技术进步、绿色出行等减排措施的实施,会使各地类碳排放密度增长得到一定控制。减排情景是一种政府严格采取各种减排措施、大力推进科技进步条件下,各地类碳排放密度有所降低的情景。其具体设置如下:

工业用地碳排放密度:2016年9月正式实施的《巴黎协定》提出"争取将全球平均气温升幅控制在工业化前水平以上低于2℃以内,并努力将气温升幅限制在工业化前水平以上提高1.5℃以内"。《IPCC1.5℃报告》进一步解读了这一目标,提出了未来1.5℃路径的排放量,与2℃目标相比,1.5℃是一种更为严格的碳预算对策,要求在2020年以后立刻实现快速减排。基于以上背景,本书设定2020年后工业用地碳排放密度的年均下降率为2010~2015年的两倍(5.82%)。

道路交通用地碳排放密度:杭州道路交通的主要问题在于公共交通出行分担率很低。2015年杭州市区全天公交出行分担率为20.9%,早晚高峰公交出行分担率只有18.5%,不到东京、首尔等大城市市区公共交通出行分担率的一半。

《杭州市国土空间总体规划发展战略2050（概要）》提倡高能效、零能耗、零污染、零排放为特征的绿色交通出行方式，其核心在于提高交通运输的能源效率，改善交通运输的用能结构，优化交通运输的发展方式，有助于保证城市生态环境。《杭州市城市轨道交通第三期建设规划（2017～2022年）》提出2025年杭州市公交出行分担率为40%的目标，因此本书预测2035年公交出行分担率将达到50%。由于缺乏杭州市公交车运营的更多信息，本书采用前人关于北京市绿色出行分担率提高对碳减排作用的结论：每1%的居民出行方式由私家车转化为公交车，碳排放将比惯性增长情景减少0.97%。假设杭州公交出行分担率的提高全部由私家车出行转换而来，2035年道路交通碳排放强度将比惯性增长模式减少28.23%。

居住用地与其他建设用地碳排放密度：居住用地与其他建设用地主要考虑绿色建筑大力推行的节能减排作用。但是绿色建筑的减排作用主要体现在终端节电，而本书仅仅关注化石燃料的直接碳排放，所以该部分减排作用暂不考虑。因此，居住用地与其他建设用地的碳排放密度设定与基准情景下相同。

基于以上，本书得到以下碳排放密度情景设置表（表7-4）。

碳排放密度情景设置表　　　　　　　　　　　　　　　　　表7-4

国土空间用地类型碳排放密度	居住用地	工业用地	道路交通用地	其他建设用地
基准情景（t/m²）	0.0022	0.032	0.12	0.012
减排情景（t/m²）	0.0022	0.020	0.086	0.0128

因此，本小节可以设置六种情景：基准惯性情景、基准减排情景、基准减排优化情景、创新惯性情景、创新减排情景、创新减排优化情景。表7-5详细列出了各个情景设置的因子组合。

宏观模拟情景设置条件　　　　　　　　　　　　　　　　　表7-5

条件设置	城市扩张控制程度	减排措施实施程度	是否采用低碳国土空间用地方案
基准惯性	×	×	×
基准减排	×	√	×
基准减排优化	×	√	√
创新惯性	√	×	×

续表

条件设置	城市扩张控制程度	减排措施实施程度	是否采用低碳国土空间用地方案
创新减排	√	√	×
创新减排优化	√	√	√

7.2.2 低碳用地结构模型构建

基准减排优化和创新减排优化两种情景的用地结构是基于碳排放最小原则模拟的结果，其城市建设用地的用地结构方案为低碳用地结构方案。本书采用线性规划方法，建立城市建设用地的用地结构优化模型，模型中目标函数为城市建设用地碳排放总量，将不同建设用地类型的面积组合作为决策变量，目标函数的表达公式见式（7-1）：

$$F(X)_{min} = \sum_{i=1}^{n} C_i X_i \tag{7-1}$$

式中　C_i——各地类碳排放密度；

　　　X_i——决策变量；

$F(X)_{min}$——低碳用地结构优化下的城市建设用地碳排放总量。

考虑城市发展需要，结合《杭州市土地利用总体规划（2006～2020年）》、杭州市城市规划编制中心《总规修编系列专题研究》项目的子专题报告《杭州市人口规模多情景预测与应对策略研究》《杭州市国土空间总体规划发展战略2050（概要）》《浙江省低效用地再开发调查》等政策报告文件，结合经济发展的用地需求，设定约束条件。

居住用地（X_1）：《城市用地分类与规划建设用地标准》GB 50137—2011 指出Ⅲ气候类型区人均居住用地面积应在 23～36m²/人，《杭州市人口规模多情景预测与应对策略研究》建议本研究区人口控制在 763.6 万以内。由此可以预测得到居住用地面积应控制在 1.76×10^8～2.75×10^8 m² 之间，即：

$$1.76 \times 10^8 \leqslant X_1 \leqslant 2.75 \times 10^8$$

工业用地（X_2）：1995～2015 年期间工业用地占总建设用地面积比例不断增加，2015 年高达 17.82%。在一些发达国家的城市中心区，工业用地面积比重一般不会超过 10%，且几乎都有下降的趋势，2007 年纽约和东京工业用地面积占建设用地的比例都低于 8%。相比之下，杭州工业用地比重偏高。在长期粗放的用地方式下，工业用地外延扩张与低效利用现象并存，土地资源紧缺与低效利用矛盾突出。《杭州市土地利用总体规划（2006～2020 年）》指出"人均城镇工矿用地控制在 112m² 以内"，假设工业用地集约水平提高 50%，2035 年人均城镇工矿用地将控制在 61m² 以内，那么 2035 年城镇工矿用地上限为 $4.66 \times 10^8 m^2$。《杭州市关于实施"亩产倍增"计划促进土地节约集约利用的若干意见（2014）》指出，对产值过低、能耗较高的工业地块进行关停并转，以此来促进杭州市产业转型升级。根据《浙江省低效用地再开发调查》可知，杭州市低效工业用地有 25483.59hm²，低效工业用地以旧厂矿为主，且均有优化用地结构的潜力，假设低效工业用地全部就近转换为公共设施用地、商业用地或住宅用地，以应对人口增长带来的城市服务压力上升，那么可知 2035 年工业用地的下限为 $2.11 \times 10^8 m^2$，因此可以建立约束条件：

$$2.11 \times 10^8 \leqslant X_2 \leqslant 4.66 \times 10^8$$

其他建设用地（X_4）：《杭州市国土空间总体规划发展战略 2050（概要）》提出，"保障产业用地，保证市区 250～300km² 产业用地"，本书将其设置为下限。其中产业用地包括商业用地、商务用地、娱乐康体用地、综合性商业金融服务业用地、工业用地、物流仓储用地、混合用地以及村庄产业用地等，在本书的分类系统中近似为工业用地（X_2）与其他建设用地（X_4）之和，因此可以建立约束条件为：

$$3 \times 10^8 \leqslant X_2 + X_4$$

道路交通用地（X_3）：2015 年杭州市道路面积率为 12.05%，距《中共中央国务院关于进一步加强城市规划建设管理工作的若干意见》提出的"到 2020 年，城市建成区平均路网密度提高到 8km/km²，道路面积率达到 15%"的目标仍有较大差距。本书将 15% 的道路面积率设置为 2035 年的下限。因此，可以建立约束条件为：

$$15\% \times (X_1 + X_2 + X_3 + X_4) \leqslant X_3$$

另外，要考虑到各类用地的增长也要满足经济增长的需求。2015 年，杭州地区生产总值（GDP）为 11313.72 亿元，较上年增长 12.6%，三次产业结构分别为 2.7∶36.4∶60.9。杭州"十三五"规划预计 2020 年前 GDP 增速为 7.5%，服务业增加值比重 2020 年达到 62%。按 2020 年前增速为 7.5%，中远期为 6% 估算，2035 年杭州 GDP 将达到约 34000 亿元。2015 年本研究区 GDP 占杭州地区比例为 72%，因此本研究区 2035 年 GDP 至少为 24480 亿元。过去几十年以粗放的用地扩张换取经济发展的方式,已经严重影响我国城市可持续发展,国家新型城镇化规划提及了"土地城镇化快于人口城镇化,建设用地粗放低效"这一全国城镇化发展存在的普遍矛盾,同时也提出了全国城镇化健康发展的新目标和要求。未来,在保证经济发展的同时,也要促进用地集约发展,降低经济增长对于产业用地的强烈依赖。因此本书设定2035年工业用地和其他建设用地的地均GDP都得到一定提高,其中2025年以前增速与2010~2015年间的一样,2025年以后增速减半。因此,得到以下约束条件:

$$24480 \leqslant 17X_2 + 51X_4$$

利用LINGO软件得到基准减排优化和创新减排优化两种情景下的低碳用地方案,见表7-6。

低碳用地结构方案 表7-6

情景类型	居住用地(X_1)	工业用地(X_2)	道路交通用地(X_3)	其他建设用地(X_4)
基准减排优化	44.55%	13.76%	15.00%	26.68%
创新减排优化	35.41%	16.87%	15.03%	32.69%
2015年用地结构	24.91%	17.82%	12.05%	45.23%

基于最小碳排放原则的国土空间用地结构调整本应尽量减少高碳排放国土空间用地类型,比如工业用地、道路交通用地等,但是城市发展是多目标性的,可持续的低碳城市发展模式并不是以牺牲经济发展为实现路径,因此设定经济发展目标这个约束条件还是有必要的。

7.2.3 不同情景下碳排放结果分析

根据各情景的设置条件,得到该情景的碳排放量,表7-7呈现了2035年杭州建设用地碳排放、单位GDP碳排放以及与2015年相比较情况。

2035年杭州市碳排放情景模拟结果 表7-7

情景类型	2035年碳排放($\times 10^7$t)	相比2015年	单位GDP碳排放(t/万元)
基准惯性	5.67	3.68倍	0.23
基准减排	3.91	2.54倍	0.16
基准惯性优化	4.08	2.65倍	0.17
基准减排优化	3.04	1.97倍	0.12

续表

情景类型	2035年碳排放（×10⁷t）	相比2015年	单位GDP碳排放（t/万元）
创新惯性	4.62	3.00倍	0.19
创新减排	3.19	2.07倍	0.13
创新惯性优化	3.52	2.29倍	0.14
创新减排优化	2.63	1.74倍	0.11

表7-7显示了基于碳排放最小原则的城市用地结构方案能明显降低杭州碳排放水平。到2035年，如果不考虑科学进步以及严格的减排措施，各地类碳排放密度按历史惯性变化，基准惯性优化情景比基准惯性情景碳排放减少1.59×10^7t，减少幅度高达28%。创新惯性优化情景比创新惯性情景碳排放减少1.1×10^7t，减少了23.80%。可见，当有效控制城市扩张规模，用地结构优化方案下的减排效果优于城市自然增长情景下的减排效果。从实际情况考虑，杭州市提出生态安全永续、城市紧凑宜人、出行绿色畅通、资源集约利用和经济低碳循环五大绿色生态城市建设发展目标，所以各个地类的碳排放密度必然会有所降低。到2035年，基准减排优化情景比基准减排情景碳排放减少22.25%，创新减排优化情景比创新减排情景碳排放减少17.55%。可见，当严格控制各个地类碳排放密度时，用地结构调整方案带来的减排效果优于按历史惯性变化的情景。

创新减排优化情景下，单位GDP碳排放达到0.11t/万元。2011年，日本单位GDP能耗为0.182吨标准煤/万元，德国为0.191吨标准煤/万元，法国为0.195吨标准煤/万元。以国家发展改革委推荐的0.67转换值，日本、德国和法国的单位GDP碳排放分别为0.122t/万元、0.128t/万元、0.131t/万元。对比发现，创新减排优化情景下的单位GDP碳排放可达到发达国家2011年的一般水平。这说明，严格实施减排措施和合理调整用地结构都是实现杭州低碳城市发展的必然要求。

7.3 微观尺度城市形态优化的"减排"情景模拟

基于前文第6.2节的研究结果，考虑路网密度、道路面积率、用地混合度、路网连接度等城市形态指标对出行碳排放的影响作用，微观尺度主要考虑城市形态优化对居民出行碳排放的减排作用。设置基准惯性情景、基准调控情景、创新

7 多尺度"减排"情景模拟

惯性情景和创新调控情景四种情景,其设置条件如表7-8所示。情景设置条件包括城市扩张控制程度和是否有效优化城市形态。与宏观尺度情景设置类似,城市扩张控制程度通过城市建设用地总规模来体现,基准和"创新天堂"情景下2035年杭州城市建设用地规模分别达到1533km²和1251km²。城市形态优化主要通过用地混合度和道路面积率的调整来促进居民出行减排作用。

微观尺度情景设置　　　　　　　　　　表7-8

情景类型	城市扩张控制程度	城市形态优化
基准惯性情景	×	×
基准调控情景	×	√
创新惯性情景	√	×
创新调控情景	√	√

《中共中央国务院关于进一步加强城市规划建设管理工作的若干意见》提出"到2020年,城市建成区平均路网密度提高到8km/km²,道路面积率达到15%"。2015年杭州路网密度为6.5km/km²,至2020年需要提高18.75%,因此预计至2035年将提高到12.5km/km²。

《杭州绿色生态城市建设目标与路径研究报告》提出"建立用地混合的土地开发利用模式,在城市中心地区增加用地的混合度和多样性,进一步提高国土空间用地效率"的政策建议。虽然未明确量化2035年用地混合度目标,但是明确提出要提高用地的混合度和多样性。本书参考国际生态建设先进城市纽约和东京的用地混合程度。表7-9展示了纽约和东京近十年的国土空间用地结构变化。

纽约、东京近十年的国土空间用地结构变化表　　　　　表7-9

纽约(%)	住宅用地	商业用地	工业和制造业用地	交通设施用地	公共设施和机构用地	开放空间和娱乐用地	停车设施用地	空地	用地混合度
2004	41.68	3.75	3.88	7.53	7.38	25.10	1.30	9.38	0.62
2014	42.52	3.97	3.61	7.17	7.33	25.35	1.32	8.87	0.78
东京(%)	宅地	屋外利用地	公园用地	待建设宅地	道路	农用地	水面	森林	原野
2002	28.54	3.54	3.73	2.16	10.53	4.55	2.36	40.56	0.69
2012	31.43	3.46	4.08	1.83	11.52	3.96	2.29	36.86	0.70

注:"宅地"的含义是建筑用地,不是一般意义上的住宅用地;"屋外利用地"包括采石区、运输中转区、材料堆放场地、室外停车场、工棚、屋外展示场等。

作为城市化后期较发达的国际生态城市,纽约和东京的用地混合度都呈现上升趋势,十年间分别增加了25.80%和1.45%。两者相差比较大主要是因为国土空间用地分类体系不同,本研究的体系更接近纽约,因此纽约的数据变化对本书更具有参考价值。

基于城市形态与居民出行碳排放关系的研究结果,本书有选择性地提高部分街道的用地混合度和道路面积率。对于用地混合度,假设杭州街道2015~2035年用地混合度年均增长率为纽约2004~2014年的一半(2.32%),其中只调控用地混合度增加有减排效果的街道。《中共中央国务院关于进一步加强城市规划建设管理工作的若干意见》要求一般城市道路面积率达到15%,本书只调控道路面积率增加有减排效果的街道,并选择2015年现状小于15%的街道,将其调整到15%。

基于第6.2节GWR模型回归结果,得到以下不同情景的2035年典型工作日杭州主城区主要时间段居民出行碳排放(表7-10)。

2035年典型工作日杭州主城区主要时间段居民出行碳排放　　表7-10

情景类型	碳排放量(kg)	与2015年相比
基准惯性情景	78404.13	4.4倍
基准调控情景	60228.63	3.38倍
创新惯性情景	53100.98	2.98倍
创新调控情景	45260.56	2.54倍

由情景模拟结果可知,基准惯性情景下,2035年杭州主城区典型工作日主要时间段碳排放达到78404.13kg,是2015年的4.4倍。创新惯性情景比基准惯性情景减少了32.27%,这说明仅仅控制城市扩张规模对于出行减排也有一定的效果。创新调控情景下出行碳排放比基准调控情景减少了14.77%,可见城市形态优化的减排作用有限,必须同时严格控制城市规模扩张。创新调控情景是最理想的情景,此时严格控制城市扩张速度,且城市形态部分指标得到了优化,与不加以调控的基准惯性情景相比,碳排放减少了42.27%。必须承认,影响居民直接碳排放的因素很多,城市形态只是其中一项重要因素。城市形态通过影响居民的出行模式、出行方向和出行距离来影响出行碳排放的变化。相关研究发现,公共交通改善、公共自行车普及、机动车碳排放因子降低与电动汽车推广政策综合作用下,也能够在2025年减少北京43%的日常出行碳排放。经此对比发现,国

土空间用地控制和其他交通政策的减排潜力相差无几,但是都很难达到绝对减排或者零碳排放的目标。城市形态优化要与其他交通方面的减排政策相结合,特别是提高公共交通系统的建设与推广,鼓励人们低碳出行,多政策协同作用下更有利于低碳城市建设。

7.4 本章主要结论

本章以动态思维利用 FLUS 模型模拟了基准和"创新天堂"两种情景下 2035 年杭州城市国土空间用地空间格局,分别在宏观、微观尺度讨论国土空间用地结构调整、城市形态优化可导致的 2035 年减排潜力。主要结论如下:

(1) 宏观尺度:通过模拟六个情景的 2035 年杭州城市建设用地碳排放,分析对比了国土空间用地调控和减排措施的减排作用,其中前者包括城市扩张规模控制和用地结构调整,后者包括技术改革、绿色低碳出行等措施。在基准惯性情景下,杭州 2035 年碳排放达到 5.67×10^7 t,是 2015 年的 3.68 倍。在控制城市扩张规模、严格落实减排措施和低碳国土空间用地方案作用下,创新减排优化情景的 2035 年碳排放达到 2.63×10^7 t,比基准惯性情景减少了 53.62%,且此时单位 GDP 碳排放达到目前世界发达国家的一般水平。可见,低碳城市国土空间用地方案与减排措施有机结合是实现低碳城市发展的必然途径。

(2) 微观尺度:本书模拟了四种情景的 2035 年杭州主城区典型工作日主要时间段居民出行碳排放,以此讨论分析了城市形态优化的减排作用,其中城市形态优化主要包括合理提高用地混合度和道路面积率等指标。在无任何调控的基准惯性情景下,2035 年该部分碳排放达到 78404.13kg,是 2015 年的 4.4 倍。在有效控制城市扩张规模和优化城市形态作用下,2035 年该部分碳排放达到 45260.56kg,相比基准惯性情景减少了 42.27%。可见,微观层面的城市国土空间用地调控方案减排效果明显。

8 结论与展望

8.1 结论
8.2 政策建议
8.3 创新点
8.4 研究不足及展望

8.1 结论

国土空间用地变化和化石燃料消耗是引起全球气候变化和温室效应的重要因素。城市作为人类能源和产业活动的集中地，城市碳代谢是全球碳循环的重要环节。城市国土空间用地方式的变化与城市碳代谢之间存在着密切的联系，国土空间用地变化不仅直接改变了城市自然碳代谢，还间接影响着人为碳排放过程。因此，基于国土空间用地视角研究城市碳代谢是低碳经济和低碳城市研究的重要切入点，也是未来减排调控的重要途径。本书建立了国土空间用地类型与不同碳排放项目的对应关系，分别从宏观、微观尺度讨论了城市国土空间用地变化、用地规模及城市形态对碳代谢的作用，宏观尺度关注城市层面，微观尺度则关注街道行政单元，并在此基础上以国土空间规划目标年 2035 年为本书目标年，情景模拟了宏观、微观尺度国土空间用地结构调整、城市形态优化的减排潜力，为我国低碳城市建设提供选择路径。研究主要结论如下：

(1) 宏观、微观尺度城市碳汇、碳排放时空分布特征

① 宏观尺度：1995～2015 年杭州碳排放从 $297.78 \times 10^4 tC$ 增加到 $1601.6 \times 10^4 tC$，总量增加了 4.47 倍，增加量主要来源于工业用地碳排放和道路交通用地碳排放，总量增速最快的阶段是 1995～2000 年，碳排放增速最快的用地类型是道路交通用地，20 年间增加了近 30 倍。1995～2015 年期间碳汇总量呈轻微下降趋势，2015 年比 1995 年下降了 22.29%，其中林地碳汇量占了总碳汇量的近 70%。空间分布来看，研究期间高碳排放量从城市中心向东南、东部方向转移，高碳汇量向西北方向集聚。

② 微观尺度：杭州典型工作日主要时间段（6：30～9：30、10：30～15：30、17：30～21：30 和 22：00～24：00）居民出行碳排放总量为 17819.12kg，早高峰 6：30～9：30 是居民出行碳排放的高峰期。主要时间段碳汇量为 16374.00kg，可以抵消 91.89% 的该时间段居民出行碳排放，其中碳收支赤字最大的街道集中在主城区中心区域偏东方向。

(2) 宏观、微观尺度城市碳代谢过程特征

① 宏观尺度：1995～2015 年期间国土空间用地变化的消极"碳流"总量为积极"碳流"总量的 6.5 倍。近三分之二的消极"碳流"来自耕地→工业用地的转换，积极"碳流"主要来自工业用地→城镇其他建设用地的转换，该转换占积

极"碳流"的70%。互惠指数（M）在整个研究期的平均值为0.63小于1，可见该研究期间内国土空间用地变化加剧了城市碳代谢的紊乱。生物体自我调节特征类比研究表明，总碳排放强度与建设用地总规模符合Kleiber定律，这说明城市内部土地城镇化较高区域相对更加低碳。

② 微观尺度：Kleiber定律验证研究发现，居民出行碳排放强度与用地规模呈现近似线性关系，并不符合生物体代谢规律。当增加人口密度这个变量后，居民出行碳排放强度与用地规模关系才符合Kleiber定律。出行碳排放随着人口密度增加而下降，人口密度增加带来减排优势的同时，削减了用地规模扩张的增排效应。回归模型结果显示，当土地城镇化与人口城镇化同步增长时，人口密度增长的减排效应能得到良好体现。但是当人口城镇化速度远远低于土地城镇化速度时，人口城镇化带来的减排效应会被土地城镇化的增排效果所抵消。

（3）城市形态与城市碳排放的关系

① 宏观尺度：城市建设用地斑块面积增加引起碳排放的增加，但增加建设用地斑块的集聚程度有助于减少城市碳排放。城市道路布局与城市扩张形态耦合程度越高，碳排放越低。建设用地最大斑块指数增加会导致碳排放的增加，这说明单核的城市扩张模式不利于减排。可见，紧凑且多核的城市扩张模式、与城市扩张方向耦合的道路分布有助于城市减排。

② 微观尺度：多项式回归模型结果表明，仅仅依靠城市高密度开发、提高路网密度难以实现低碳交通模式，提高城市用地混合度、职住分离度和道路面积率，进而优化城市功能格局和提高交通效率是实现低碳出行的重要调控手段。通过地理加权回归模型（GWR）发现，城市用地混合度和道路面积率对出行碳排放的影响具有空间非平稳性，着重提高主城区内环街道的用地混合度及主城区西南部、西北部和东北部街道的道路面积率，可以有效促进出行减排。

（4）2035年减排情景模拟

① 宏观尺度：在不受任何调控的基准惯性情景下，杭州2035年碳排放达到5.67×10^7 t，是2015年的3.68倍。在有效控制城市扩张规模、严格落实减排措施和低碳国土空间用地方案作用下，创新减排优化情景下2035年碳排放达到2.63×10^7 t，比基准惯性情景减少了53.62%，且此时单位GDP碳排放达到目前世界发达国家的一般水平。

② 微观尺度：在无任何调控的基准惯性情景下，2035年典型工作日主要时间段碳排放达到78404.13kg，是2015年的4.4倍。在有效控制城市扩张规模和

优化城市形态作用下，2035年该部分碳排放达到45260.56kg，相比基准惯性情景减少了42.27%。

8.2 政策建议

本文主要提出以下政策建议：

(1) 为保证城市土地置换和产业转移中的生态公平，未来低碳城市发展规划需要考虑一些区域尺度的市场化的碳补偿政策，并考虑建立多方位的碳排放权交易体系。2017年我国已全面启动全国碳排放权交易市场，电力行业率先入市，这是一种国家—企业层面的碳排放权市场交易，企业也可以通过购买配额来实现减排义务的灵活性。城市土地置换和工业搬迁对局部区域的碳平衡有显著影响，为了协调区域平衡发展，未来可以考虑建立一种不同层级政府之间纵向的碳排放权市场交易。

(2) 为了实现减排目标和低碳城市发展，未来低碳城市发展规划可以利用生物体新陈代谢规律，通过有效控制城市规模来调节城市各类用地碳排放。根据Kleiber定律，随着生物体的增长，它们变得更加节能。我国很多大城市目前呈现郊区化发展趋势，郊区土地由于较低的价格吸引了更多工厂和房地产开发商的目光。本书发现城市建设用地规模更大的区域相对于规模小的更加低碳，而城市建设用地规模更大的区域往往城市化发展更加成熟，产业、人口等集聚的成熟城区往往能源利用效率更高。郊区化从低碳发展角度来看，不利于资源的集约利用，不能够发挥土地资源集聚利用效应。因此，未来低碳集约导向的城市存量土地开发是实现低碳城市发展的重要手段。

(3) 为了落实国土空间用地调控方案的减排效果，未来需要建立空间规划的低碳评估工作制度。本书提出的基于国土空间用地视角的减排方案，只有得到相关政策制定者和技术人员的支持才具有可行性和普适性。有效监测国土空间用地变化的碳排放效应，构建一套城市土地低碳利用的动态预警系统，能够有效提高城市土地低碳利用的决策水平。

8.3 创新点

本书的创新之处主要体现在以下两个方面：

(1) 本书提出了一个基于国土空间用地视角的碳代谢分析框架。该分析框架以类比生物体新陈代谢为思路，从物质流动循环和系统自我调节功能两个方面构建城市碳代谢过程模型，定量化跟踪和评估了国土空间用地变化对碳元素的流转影响，并空间化了城市碳代谢过程，使得研究结果能够更有效应用于减排目标下的低碳城市建设、布局调控。该分析框架进一步深化了城市碳代谢的理论体系，在研究思路上具有一定的创新性。

(2) 本书提供了碳代谢研究的宏观与微观两个尺度。多尺度研究符合可持续城市研究框架的重要目的，即为不同层级政府的可持续城市发展的协同合作提供差异化指导建议。多尺度碳代谢过程与减排模拟，拓展了城市碳代谢的研究维度，突破了单一尺度的研究，在研究内容上具有一定的新意。

8.4 研究不足及展望

我国迅速城镇化背景下的国土空间用地变化对我国减排目标的实现、低碳城市建设有着重要意义。限于作者的研究能力和研究条件，本书还有一些不足之处，有待今后继续推进：

(1) 更精细划分参与城市碳代谢的国土空间用地主体。总体而言，本书划分的国土空间用地碳代谢主体是粗糙的，一方面忽略了某些代谢主体在整个城市碳代谢过程中的作用，另一方面限制了模型的进一步发展。比如农村建设用地虽然碳排放远远小于城镇其他建设用地，但是其数量和空间上的变化仍然可能对城市碳代谢过程有显著影响；城市绿地虽然面积较少，但是可能在微小尺度对城市碳代谢影响显著，但由于数据可得性所限，本书未能对此进行深入探讨。

(2) 更多内容的多尺度城市碳代谢研究。本书以行政层级划分宏观与微观尺度，且微观尺度仅仅考虑了居民出行碳排放，忽略了其他国土空间用地类型的碳排放，限制了进行更多探索的可能。未来作者会结合工业污染源调查数据，丰富微观尺度的碳代谢研究。

(3) 更多基于国土空间用地视角的碳代谢案例比较研究。本书仅仅以杭州市作为实证研究区域，缺乏案例之间的比较，杭州市作为我国典型发达沿海城市，其城镇化水平明显高于我国平均水平，未来需要关注一些欠发达城市，进一步讨论本书建立的基于国土空间用地视角的城市碳代谢模型的适用性。

图目录

图 1-1　研究技术路线图 ·· 9
图 1-2　杭州市各行政区 1995～2015 年国土空间用地变化 ············· 13
图 3-1　基于国土空间用地视角的城市碳代谢概念图 ··················· 30
图 3-2　基于国土空间用地视角的碳汇和碳排放概念图 ················· 32
图 3-3　基于国土空间用地变化的"碳流"概念图 ······················· 33
图 3-4　分析框架 ··· 41
图 4-1　杭州市 1995～2015 年国土空间用地碳排放特征变化 ··········· 49
图 4-2　杭州市各区 1995～2015 年建设用地碳排放量变化 ············· 50
图 4-3　典型工作日出租车碳排放变化图 ································ 55
图 4-4　不同时间段出租车出行碳排放图 ································ 55
图 4-5　不同时间段居民全部出行目的碳排放 ··························· 57
图 5-1　间接竞争生态示意图 ·· 62
图 5-2　1995～2015 年城市空间"碳流"变化图 ······················· 67
图 5-3　互惠指数和生态关系比例变化 ·································· 69
图 5-4　1995～2015 年杭州碳代谢生态关系空间分布变化 ············· 71
图 6-1　1995～2015 年城市形态系数变化 ······························ 81
图 6-2　GWR 模型局部变量回归系数变化 ······························ 89

表目录

表 1-1	原始出租车 GPS 数据	11
表 3-1	基于碳汇、碳排放核算的城市国土空间用地分类体系	32
表 4-1	基于国土空间用地类型的碳排放核算目录	44
表 4-2	能源碳排放系数表	44
表 4-3	国土空间用地类型碳排放系数	47
表 4-4	道路交通碳排放系数	47
表 4-5	宏观尺度城市各类碳排放分配规则	48
表 4-6	国土空间用地类型碳汇系数	48
表 4-7	标准油耗率	51
表 4-8	工作日 POI 开放时间	53
表 4-9	居民出行目的交通模式选择（调查问卷结果）	56
表 4-10	不同时间段居民全部出行碳排放总量	56
表 5-1	生态关系分类	62
表 5-2	"碳流"交换表	65
表 5-3	杭州生态关系变化表	70
表 5-4	生态关系分布表	70
表 5-5	宏观尺度模型平稳性检验结果	73
表 5-6	宏观尺度模型协整检验各统计量结果	74
表 5-7	宏观尺度模型 Hausman 检验结果	74
表 5-8	宏观尺度模型 F 检验结果	74
表 5-9	宏观尺度生物体代谢类比回归系数	74
表 5-10	微观尺度生物体代谢类比回归系数	75
表 5-11	微观尺度生物体代谢类比回归系数（新）	76
表 6-1	景观指数计算公式	80
表 6-2	面板平稳性检验结果	82

表 6-3	协整系数表	83
表 6-4	模型 1~3 的 F 检验结果	83
表 6-5	模型 1~3 的 Hausman 检验结果	83
表 6-6	模型 1~3 的回归系数表	84
表 6-7	街道层面城市形态指数	85
表 6-8	城市形态与居民出行碳排放强度的回归系数	86
表 6-9	回归方程诊断指标	89
表 7-1	杭州市 2005~2015 年各国土空间用地类型转移矩阵	93
表 7-2	转移概率矩阵	94
表 7-3	两种情景下 2035 年国土空间用地规模	94
表 7-4	碳排放密度情景设置表	96
表 7-5	宏观模拟情景设置条件	96
表 7-6	低碳用地结构方案	99
表 7-7	2035 年杭州市碳排放情景模拟结果	99
表 7-8	微观尺度情景设置	101
表 7-9	纽约、东京近十年的国土空间用地结构变化表	101
表 7-10	2035 年典型工作日杭州主城区主要时间段居民出行碳排放	102

参考文献

[1] Bai X, Dawson R J, Ürge-Vorsatz D, et al. Six Research Priorities for Cities and Climate Change [J]. Nature, 2018, 555: 23-25.

[2] National Research Council. Driving and the Built Environment: The Effects of Compact Development on Motorized Travel, Energy Use, and CO_2 Emissions-Special Report 298 [M]. Washington, D.C.: National Academies Press, 2010.

[3] Fath B D, Patten B C. Network Synergism: Emergence of Positive Relations in Ecological Systems [J]. Ecological Modelling, 1998, 107 (2-3): 127-143.

[4] IPCC. 2006 IPCC Guidelines for National Greenhouse Gas Inventories-A primer, Prepared by the National Greenhouse Gas Inventories Program [R]. Japan, 2006.

[5] IPCC, Managing the Risks of Extreme Events and Disasters to Advance Climate Change Adaptation: A Special Report of Working Groups I and II of the Intergovernmental Panel on Climate Change [M]. Cambridge: Cambridge University Press, 2012.

[6] Kleiber M. The Fire of Life. An Introduction to Animal Energetics [M]. New York: Wiley Press, 1961.

[7] Odum H T, Odum E C. Energy Basis for Man and Nature [M]. New York: McGraw-Hill Press, 1976.

[8] Reckien D, Ewald M, Edenhofer O, et al. What Parameters Influence the Spatial Variations in CO_2 Emissions From Road Traffic in Berlin? Implications for Urban Planning to Reduce Anthropogenic CO_2 Emissions [J]. Urban Studies, 2007, 44 (2): 339-355.

[9] 魏一鸣，余碧莹，唐葆君，等. 中国碳达峰碳中和路径优化方法 [J]. 北京理工大学学报：社会科学版，2022, 24 (4): 10.

[10] 于贵瑞，郝天象，朱剑兴. 中国碳达峰、碳中和行动方略之探讨 [J]. 中国科学院院刊，2022, 37 (4): 12.